日本與台灣

日本と台湾——なぜ、両国は運命共同体なのか

為何兩國
是命運共同體？

推薦序

回顧歷史，中國國民黨統治台灣已遠超過五十年，對照日本治台五十年期間，箇中冷暖生活在這片土地的人們點滴心頭；尤其與我同輩者，更是切身領受其悲哀苦痛。

國民黨政權透過黨國教育徹底執行「中國化」，更甚於日本推行的「皇民化」，將台灣人的純樸善良摧毀殆盡。黨國復辟後，馬政權治理下，社會正義公平蕩然無存，無論民主體制、言論自由、經濟發展都嚴重倒退。忍無可忍的台灣人只能透過不斷地街頭運動，展開自救。

台灣歷史的真相是當權者極力隱藏之事，身為友台的日本人，加瀨英明先生從第三者角度，以此專書開啟借古鑑今的歷史之窗。物換星移，在台灣一件不變的事實，即使不同時空、不同人物，今日的國民黨依然是當年在中國大陸腐敗至極而敗逃來台的同一政黨。「時間會證明一切」，民主化之後新一代台灣人，對過去歷史與眼前政府，都必須有所自覺。

二〇一四年七月二十五日

彭明敏

推薦序

本書著者加瀨先生是我在任駐日代表時認識的，今年三月我在日本見到他時，他送我《日本と台──なぜ両国は運命共同体なのか》（日本與台灣──為何兩國是命運共同體）一書，就是本書，當時我讀了，所以這篇推薦文主要是根據該日文版所寫的。

加瀨先生與台灣的關係自蔣政權時代就開始，在台灣的人脈很久且很廣；在本書雖然他也根據一些史料來記述台灣史，但是更多的記述是從他所接觸，或所聽到、看到的來發揮的記述為多，這正是本書特色，所以讀起來很生動有趣。

他認為第二次世界大戰後，國際法上台灣不屬於包括中華人民共和國或中華民國在內的任何國家，是獨立的政治實體，應該朝向建立獨立國家的方向走。這一點筆者贊成。在馬英九政權之下執意於將台灣稱為「中華民國」之一部分，而使台灣不能真正獨立，英國伯明翰大學名譽教授 Colin Warbrick 對此狀況一語道破：「決定國家地位的第一要件，就是必須自己主張為國家，且有意願被承認為國家，然而，台灣卻是世界上唯一有能力光明正大宣稱自己是國家而選擇不這麼做的例子」。台灣自一九四九年以來土地、人民固定，不論好壞政府有效控制其轄區，對外有能力辦外交，有足夠條件形成一個國家，而其實台灣一向是以事實上（de facto）的國家存在於國際社會。但如 Warbrick 教授所指出，一直到兩蔣時代都自稱「中華民國」，台灣只是「中華民國」的一部分，是反攻大陸回復「中華民國」的基地，所以台灣不是國家。李登輝時代畫分「中華民國」為自由地區與大陸地區，在前者實行民主化著手民意代表改選，至一九九六年完成總統直選，自稱為「中華民國在台灣」，與後者的中華人民共和國區別，至一九九九年提出兩國論，將台灣與中華人民共和國間認為是「特殊國與國關係」，即將台灣、中國關係國際化。二〇〇〇年民進黨候選人陳水扁當選總統，翌年喊出「台灣中國，一邊一國」更清楚將台灣、中國國際化；可惜兩者都沒有廢掉「中華民國」，不能清楚表明台灣是一個獨立國家。二〇〇八年國民黨候選人馬英九當選接任總統後，馬上就宣布「一國兩區」，將李、陳兩前總統的台灣、中國關係國際化的努力一筆勾銷，回到蔣時代的「一個中國」，這也呼應了中華人民共和國的「一個中國」；但不似蔣時代的對抗，卻是聽命於中華人民共和國的傾中，有終極統一被合併之勢。

加瀨先生認為台日是命運共同體，在中國之前，台灣亡即日本齒寒，而且也認為台灣在國際法上不屬於「中華民國」或中華人民共和國，所以他支持建立台灣獨立國家。

這一點筆者也贊同，據於法台灣不屬於包括「中華民國」及中華人民共和國在內的任何國家，但是我們怎麼樣可以將這事實上的國家變成法理上（de jure）的國家？要成為一個法理上的國家，最快且確實的方法就是加入聯合國，這有兩個途徑，一個是公民投票通過後向聯合國申請，一個是由總統向聯合國申請。二〇〇七年七月當時的總統陳水扁曾以台灣的名義申請參加聯合國，這意味台灣是第二次世界大戰後，一個新生的國家，是以前沒有的國家。

所以台灣與一九四九年就滅亡的「中華民國」無任何關係，即本來就不必拖著「中華民國」的尾巴，唱「繼承論」。第二次世界大戰後台灣本來就不是任何中國的領土，所以也不該有「一個中國」分為「中華民國」與中華人民共和國的「兩國中國論」。

繼續以台灣的名義申請參加聯合國，是我們的獨立宣言，也是我們由事實上獨立的國家成為法理上獨立的國家一條有效的路徑。筆者願以提倡此，以回應著者台灣獨立的呼籲。

二〇一四年七月七日

許世楷

前言

台灣是個擁有二千三百萬人口的國家，與日本國土最西側的與那國島南岸，僅相距一百一十一公里，在晴朗的日子即可目視。

對日本而言，台灣具有兩個「No.1」的地位。

首先，在國際間，對日本懷有如此善意的國家，除了台灣之外別無他國。另外，台灣在二〇一一年（平成二十三年）的311大地震發生之際，透過國民之手募集了超過二百億日圓的善款捐助災區。這是一個與美國並列、遠超過其他國家的巨大金額。

台灣人一直是喜愛日本的。在台灣話裡有所謂「愛日家」的說法，普遍使用在日常生活中。

在關乎日本存亡的安全保障上，台灣是在亞洲裡最為重要的國家。若是發生台灣遭到中國併吞的情況，那麼日本從南方開始的海上交通路線就會斷絕，也無法保持獨立。然而，如果是韓國遭到敵對勢力控制，即便對日本來說是重大威脅，卻也不至於讓日本立即滅亡。

我一直將台灣視為一個國家書寫至今，台灣以一國之姿存於現實，這件事是毋庸置疑的。然而日本在一九七二年（昭和四十七年）與台灣斷交以後，便拒絕與台灣保持官方上的一切連結，也不認同台灣作為一個國家的事實存在。

對日本而言，台灣是無可取代、最為重要的國家，但台日之間的官方關係卻完全不存在。對日本國民而言，這就如同日本的安全並非國家事務一般。

台日關係是靠著兩國善意的國民交流，好不容易才能維持。

自從「韓流連續劇」開始流行後，大多數的日本國民會去關心李朝五百年歷史，去了解那個時代的朝鮮歷史，各式各樣的書也被出版。但台灣戰後到底發生了什麼事？關於其中的悲哀，他們並不太了解。

台灣人在311大地震時，對日本國民的痛苦感同身受，因此，我認為我們對戰後台灣人們所遭遇的苦難歷史，應該要更加了解。

日本與台灣的國民是要共同承擔未來的兩個島國民族，兩國是「命運共同體」。我在本書中，會對日本與台灣處於極其類似的境遇作詳盡的說明。

為什麼台灣人對日本會抱持著如此強烈的善意？為什麼台灣人不會以中國大陸人的眼光來看待日本？

相對於台灣人對日本的喜愛，同為日本鄰國的韓國，為何會對日本懷有深深的憎恨之意？台灣與韓國，可作為相互對照。

我從一九六〇年代至今，已經往來台灣五十次了吧。

同時我也在軍方與政黨的邀請下屢次造訪中國，我期待在本書中能藉由台灣與中國的比較來清楚刻劃出台灣的樣貌。

平成二十五年八月吉日

加瀨英明

目錄

第1章 世界上唯一理解「日本」的國家
——二戰前的日本統治留下了些什麼

第2章 蔣介石在台灣做了哪些事？
——國民黨不為人知的統治黑暗

第3章 美中、日中玩弄的台灣——世界上最被殘酷對待國家的悲劇

第4章 馬英九政權的未來走向——台灣現在正在發生什麼事？

末章 「日本與台灣」的將來——為何兩國是命運共同體？

台灣地圖

面積：約 3 萬 6000 平方公里
（與九州相同程度。約占日本國土的 10 分之 1）
距離尖閣諸島 170 公里
距離與那國島約 110 公里
距離中國本土（福建省）約 150 公里

序章　台灣不是中國

——探索原委與歷史

二戰前美國人所見、日本統治下的台灣

二〇一二年（平成二十四年）十二月，我在華盛頓的二手書店逛了一下，看到一本一九二四年（大正十三年）出版、名為《GLIMPSES OF JAPAN AND FORMOSA》①（Grosset & Dunlap 出版社）的書，立刻買了下來。就暫且譯為「日本與台灣的一瞥」吧。

作者是名為哈利．法蘭克（Harry Franck）②的旅遊作家，整本書共有二百三十五頁。我在回程的飛機上拿起來閱讀，對於九十多年前的台灣在美國作家眼中到底呈現出什麼樣貌，我深感興趣。

他從中國福建省的福州經由海路抵達基隆港，由中國直航到台灣，以台北③為首的市街，因為「過於整潔（clean）」、「井然有序（orderly）」，而讓他「感到不可思議（uncanny）」。

「台灣人居住的區域，沒有像中國街道般，有著難以忍受的骯髒（filth）。甚至比紐約住宅區更為整潔」、「日本人的嚴格（exactness），就連普魯士人也無法做到這種程度吧。日本人在過去的中國式生活裡，注入了穩定與秩序。」他為此感到驚嘆。

作者走訪了綠意盎然的圓山公園，參觀了台灣神社，而如今那裡已矗立著圓山大飯店。

「簡直就像直接把京都搬了過來，在市區內有好幾個神道的神社，全都保有日本的清爽氛圍，這與台灣人參拜寺廟的極度鮮豔與喧囂相比，完全是二相對照（incompatible）。」

「與台灣海峽對岸相比，從人力車車夫的衣著到斗笠（mushroom hat），都顯得整潔清爽。」

「在中國搭乘鐵路，說是旅行其實是處於無政府狀態（anarchy），但在台灣搭乘列車，就像是回到近代……列車內的查票員即使是對三等車箱內「沒沒無聞」的乘客，也是先脫下帽子行禮……與中國不同，承襲日本的美學水準（pulchritude），連車廂地板都打掃乾淨，撒水清潔。」

「（與中國不同）不管去到哪裡，都沒有惡臭（odor）。」

「不過經過（日本）二十多年的努力（注：統治④），竟帶來這麼大的變化（great change）。當今世界上的人們談論起台灣（Formosa）時，可能還以為是個被嚴山峻嶺與茂密森林覆蓋、由野蠻人盤據的島嶼吧。」

書中收錄許多作者拍攝的照片，有帶著孩子搭乘一等車箱的台灣人夫婦、三等車箱中結著日本髮髻的女性、穿過「縣社臺中神社」⑤大鳥居所看到負載鎮木⑥的前殿、穿著乾淨整潔服裝與草鞋的小學生（說明日本在台灣建設了美麗的校舍）以及山地民族的小學男女（附有「一

①日文原書印刷為「GLIMPSE OF JAPAN AND FORMOSA」，「GLIMPSE」少了「S」，為印刷錯誤。
②Harry Alverson Franck（一八八一～一九六二），通常簡寫為Harry A. Franck，為二十世紀前半的知名美國旅遊作家。
③這裡原文為「タイホク」（Taihoku），是日本統治時代的台北稱呼，為日語漢字「台北」的音讀方式。
④作者的原文注解。
⑤始建於一九一一年十月，隔年十月落成，一九一三年才升格為縣社，之後經過遷移與各種變更，現今僅留有部份遺跡。

一位美國作家所見、日本統治下的台灣（其 1）

從台中神社的大鳥居及參拜道路所看到的前殿。

台灣富裕階層的夫婦帶著孩子搭乘一等車箱（附有「與日本富裕階層無異」的說明）。

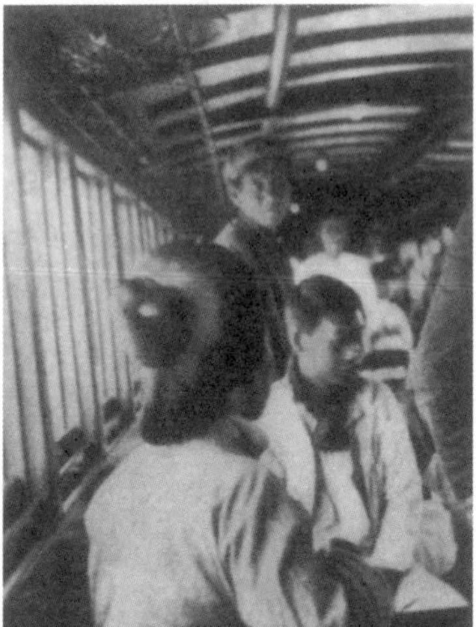

三等車箱內結著日本式髮髻的女性乘客（附有「可以看到很多像這樣的台灣女性」的說明）。

取自*GLIMPSES OF JAPAN AND FORMOSA* by HARRY A. FRANCK
(GROSSET & DUNLAP Publishers, 1924)

直到最近都還被稱為獵頭族」的說明），以身著白色制服的日本老師為中心拍照等。

繼續往下閱讀，作者還提到「近來的國際輿論中可以聽到，與其像中國處於無秩序狀態（semi-anarchy），還不如成為可靠勢力下的『保護地』來得好——或者更應該說，這有其必要。看到台灣的現狀，就會湧起一股『由日本統治的話會變成怎麼樣？』的念頭。但是，比起這個，會更想問『自以為住在天上（Celestial）之國（注：中國⑦）的人們，難道比較喜好骯髒（dirt）和混亂（disorder）』嗎？」。

不論名符其實與否，因為中國自己這樣自稱，所以中國人在西方長年以來都以天上人（Celestial⑧）或「天子之國」（Celestial Empire）而為人所知。

⑥屋頂前後兩根交叉狀的長條木。
⑦作者的原文注解。
⑧這個英文為「天空的」或「天國的」、「神聖的」之意，但用於古代中國指的是「天朝的」。

與漢民族截然不同的台灣人出身

台灣與中國，無論從民族或文化的角度來看，都是截然不同的。

台灣人並非大漢民族，或是漢族的其中一員。

十七世紀後半到十九世紀渡海來到台灣的人們，並不是漢人。住在對岸、福建省南部的人們，是被稱作「閩」的種族。他們是居住在東南亞到中國沿岸的居民。閩，是唐朝滅亡後的十世紀，在中國興亡的五代十國中的一個名字，位處於現在的福建省，於第三代君王時為南唐所滅①。

今日的台灣人大多是閩族的後裔，也被稱為福佬。被稱作閩南語的台灣話，是一種和北京話完全不同的語言。

現今統治中國的中華人民共和國，總誇耀繼承了「五千年的中華民族歷史」。哪來的五千年啊？漢族就是喜愛誇大妄想。

秦（西元前二二一年~西元前二〇六年）的始皇帝，是首位統一中國大陸、制定漢字的人。若是如此，漢字其實應該是秦字，漢民族也應該被稱作秦民族才是。

但秦朝只維繫了十六年，而之後承接的前漢與後漢王朝則維持了四百二十年。因為十六年還成不了氣候，所以沒有使用秦這個名稱，而是採用漢人或大漢民族這樣的說法。

客家人也是在數百年前，為了尋找新天地而來到台灣。

客家人與漢民族同樣有很大的差異。在台灣，客家話與北京話、台灣話並列，也有客家電視台，與被稱作台灣話的閩南語完全不同。在現在台灣兩千三百萬的人口中，客家人大約占了三百萬人。

日本開始統治後，十年後的一九〇五年（明治三十八年），台灣總督府以纏足有害健康開始實施居民教育，並在一九一五年（大正四年）禁止纏足這項陋習。但最大的理由是，總督府因為致力於振興農業，而纏足卻會妨礙務農。而客家人原本就沒有纏足的習慣。

客家人遭受漢族迫害，以賤民身分漂流於大陸，居住在山區，因為並非當地人，而是由其他地方來的人，所以被稱作客家人。因為貧困，為了農耕，客家女性也必須加入勞動。

明代的十七世紀前半，從大陸而來大量的移民，是藉由荷蘭的東印度公司之手，而首次進入台灣。這是因為荷蘭為了栽培稻作及甘蔗，需要從大陸招攬勞動者所致。

① 閩為十國之一，最早由閩太祖王審知稱臣於後梁，受封為閩王，在其子閩嗣王王延翰即位後，奪權紛亂不斷，為其兄弟所殺，在手足閩太宗王延鈞繼任後，正式稱帝，建國號為「閩」。後來其子閩康宗王繼鵬弒父即位，沒幾年又遭連重遇殺害，而立閩景宗王延曦為閩王，因結怨其弟富沙王王延政而產生內亂，王延曦稱大閩帝，王延政自行建州稱帝，改國號為「殷」。王延曦最後被連重遇與朱文進殺害，朱文進自立為閩王，王延政出兵討伐，平定後將國號恢復為「閩」，但隨即為南唐所滅，前後共經過六任君王統治。這裡作者所稱的「第三任」指涉並不明確，推測可能是從閩太宗王延鈞稱帝並建立國號「閩」開始算起，同時也沒有把富沙王王延政算入。

一位美國作家所見、日本統治下的台灣（其2）

「據說即使是連日本人本身，也無法分辨馴化後的台灣獵頭族與本國人。（照片中）除了教師與前排兩名孩子之外，其他全都是山地民族。身高最高的男孩，也和前排矮小的少年一樣，大家都是『一年級生』。」（直接採用原著的說明）

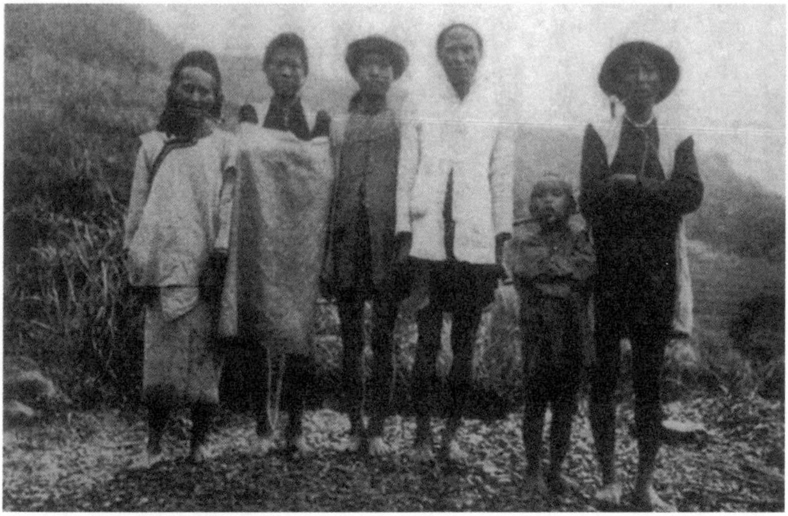

「過去曾經是獵頭族的人們，在樟腦田的營地中工作時，大致上已經馴化。」（直接採用原著的說明）

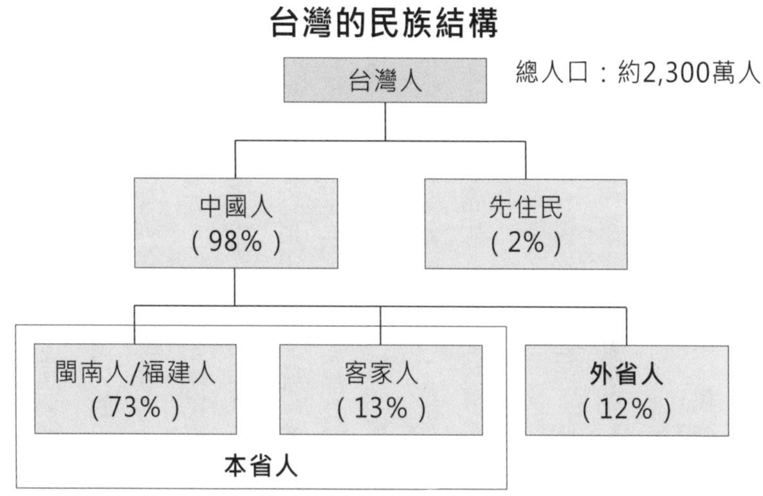

中國將閩族、客家、漢族都包含在內。在日本類似這樣的記載也很多，但其實原本都屬不同民族，因此這樣的說法是錯的。另外本省人大半是與先住民混血。

關於先住民②，台灣在平地有被稱作平埔族的平埔蕃，在山區則住著高山族的高山蕃。「埔」在閩南語中是平地的意思。

日本則將台灣的先住民稱為高砂族，因為昭和天皇在一九二三年（大正十二年）以皇太子的身分訪問台灣時，曾觀賞過高山蕃阿美族男女的舞蹈，聽聞從清代開始，先住民族就被稱作「蕃人」，而日本統治時期也繼續沿用這樣的稱呼，因此裕仁親王表示「這樣的話真是太可憐了」，所以賜名為「高砂族」。

從那之後，日本便以高砂族來統稱台灣的先住民。

閩族、客家人都是為了逃離惡政而捨棄故鄉來到台灣的難民。

在明清時代，因為有海外禁航的海禁政策，因此前往台灣的都是男性。於是這些男性們便與先住民的女性通婚，其中，有不少是五官深邃、魅惑人心的美人。

因此說到今日大多數台灣人的祖先，是來自大陸的曾曾祖父，即使再往前追溯，也沒有從那個時代的大陸渡海來台的女性。

閩族和客家人，也是與先住民經過數百年的反覆混血，因此據說今日的台灣國民中有百分之七十以上都繼承了先住民的血統。

北京政權在宣稱中國是「統一的多民族國家」③時，卻認定中華民族中，比起其他五十五種④的任一少數民族，漢民族都具有崇高的「老大」地位。所謂的「老大」是一個族群當中的最上位者，也可以是家長或大哥的意思⑤。

這與史達林在蘇聯時代，認定無論從烏克蘭到伊斯蘭的車臣民族，在組成蘇聯聯邦的一百七十個民族當中，俄羅斯民族是最高等的行為並無二致。中華人民共和國⑥無疑是史達林體制的追隨者。

中國的五十五種少數民族中，雖然有將屬於台灣先住民的高山族與藏族、滿族、新疆維吾爾自治區的維吾爾族、蒙古族、朝鮮族等包含在內，卻沒納入閩族及客家人。

在中國人民平時就有義務要攜帶的身分證上，以漢族為首，都會記載所屬的民族名稱，因此雖說是漢族，其實並不是單一民族，將閩族與客家人也包含在漢族裡，這其實是杜撰的概念。因此被制定為中國標準語的北京話，和閩南語或客語之間都完全不通。

漢族長期以來，就把以閩族為首的邊境異族蔑視為蟲或畜生，會使用虫字邊或犬字邊的字來稱呼他們，同時也輕蔑居住在水邊的民族，而使用三點水字旁的字來稱呼。北京政權所謂「中華民族為一家」的說法，根本是虛構。

②台灣對於「先住民」與「原住民」兩者的稱呼尚未有統一定論，所以本書維持作者採用的「先住民」用法，以維持並尊重原意。

③日文原文為「同一多民族的国家」，從片假名的拼音推斷，應該是直接引用中文，但是「同一多民族的国家」在中文意思上完全說不通，經查應該為「統一的多民族國家」。

④日文原文為「五五」，是指「五五民族」，即五十五種少數民族的簡稱，這個數據應該是來自中國大陸二〇〇〇年第五次全國人口普查的資料。

⑤日文裡並沒有「老大」一詞的漢字寫法，這裡的日文原文直接引用中文「老大」，所以段落後面才會為讀者特別解釋「老大」的意思。

⑥日文原文為「人民中国」。

台灣人的自我認同

台灣壓倒性的多數國民都認定自己是台灣人。

二〇一二年，台灣政治大學選舉研究中心所進行的民意調查中，在「台灣人的自我認同」項目裡，針對「你是什麼人」這個問題，有百分之五十四回答「台灣人」，百分之三十九回答「是台灣人也是中國人」，而回答自己是「中國人」的只占了百分之四。

這項調查是定期舉行，但回答「台灣人」的人卻逐年增加，而回答「是台灣人也是中國人」或「中國人」者則逐漸減少。

然而，北京政權基於政治考量，將台灣人視為漢民族，而否定了台灣人的存在事實。

如果中國真的成功併吞台灣，也不會將台灣設為少數民族自治區，而是定位為相同漢族的台灣省。

這是因為北京政權若是承認台灣人為少數民族之一，就會跟目前強烈要求獨立分離的西藏與新疆的維吾爾族、蒙古族一樣，產生同樣的問題。

中國當局認定的五十五種少數民族，其居住區域占了中國的大半面積——百分之六十以上。

至於所謂的「中華民族」，是中國為了正當化其霸權而使用的說法，不過是個名不符實的政治性稱呼罷了。

中華帝國在歷史上，就是透過周邊區域的掠奪來持續擴張。

滿族所成立的大清王朝，其掠奪與擴張也是不容漠視。

從十七世紀到十八世紀，清朝的第四任黃帝康熙（在位一六六一年～一七二二年）就從西伯利亞的阿穆爾河流域，一直擴大統治到外蒙古與西藏，第六任的乾隆皇帝（在位一七三五年～一七九五年）則從東土耳其斯坦（現在的新疆維吾爾自治區）攻占到超越喜馬拉雅山脈的尼泊爾，大幅度地擴張中華帝國的版圖，因此乾隆皇帝至今在中國仍是被以「十全武功」稱之。

新疆的「疆」字，有「邊界」、「疆界」的意思，而中華帝國的「疆（疆界）」經常是靠著武力來不斷擴張。

一九七二年（昭和四十七年），田中角榮首相前往北京，與周恩來總理進行日中邦交正常化的會談。

當時周總理面對田中首相提到了日本侵略中國，「日本軍殺戮了一千一百萬的中國人」，在哪裡殺了多少人，咄咄逼人地舉出數字逼問。

田中首相怒不可遏，立刻反擊說「你們不也曾攻打日本，只是沒有登陸成功」。

於是周恩來以「你說的是指元寇嗎？那並非我國所為，是蒙古所做」來帶過。

田中首相則以「入侵兵力多數都是來自中國福建省，只是兩次都遇上颱風而會全軍覆沒」來反駁。周總理在驚慌失措之餘，只好以「不愧是田中先生，研究得非常透澈」來打馬虎眼結束談話。

蒙古族對周恩來而言並非中華民族，他意外說出了真話。這段對話，是根據田中首相的回憶。

中國國家主席習近平雖然不斷高喊「中華民族的偉大復興」，但其目標卻是為了藉由中華帝國過去的華夷秩序來讓霸權主義復活。

台灣的先住民族是南島族

從地圖來看，台灣隔著台灣海峽，漂浮在距離中國大陸平均一百五十公里的東中國海①上，因此有許多人或許會認為，台灣本來在地理上就是中國大陸的一部份。

但這是錯誤的，因為台灣從來不曾是大陸的一部份，因此在進入十七世紀前，幾乎沒有人從大陸渡海過去。

與其說台灣是大陸的一部份，還不如說是串連從日本到印尼婆羅洲的狹長列島中，所屬的其中一個島嶼。

請打開地圖閱覽，從九州到位於沖繩縣南西群島最西端的與那國島開始，經台灣、菲律賓群島到印尼的婆羅洲為止，由點狀的大島與小島排成島列，在與那國島的晴朗日子，能用肉眼看到台灣。

台灣的先住民族是遠從上古時代，從南方沿著這個列島渡海而來，是屬於馬來玻里尼西亞族（Malay-Polynesian）等的南島族（Austronesian）。

台灣先住民族中的高山族與居住平地的平埔族，各自又分為九個及十個族群，這些先住民所使用的語言，是同屬於馬來－印尼語、菲律賓等語言的語系。

① 日文原文為「東シナ海」，「シナ」是China早期的音譯，通常譯為「支那」，後來因歷史因素而轉為中國的貶抑說法，所以指的是「東中國海」，也就是一般俗稱的「東海」。

台灣以一片芋葉的形狀漂浮在大海上，面積達三萬六千平方公里，相當於九州面積的百分之八十五。

台灣為何被稱為「台灣」的原因有諸多的說法。

一六二四年，荷蘭人在現今的台南，以通商為目的建築城堡時，先住民指著外來人大叫「Taiyuan②」、「Aian③」及「Taiyan④」，可能從這些發音而來，又或者是住在荷蘭人建設城堡之處的先住民部落名稱或地名，這種方言發音的說法最為可靠。而根據荷蘭的古文獻，據說「Taiyuan」是荷蘭人最早記住的先住民語彙。

後來才對應上「大員」、「台員」、「台灣」等漢字。

還有一說是，中文的「東蠻」經由方言發音而變成台灣。

另外一種說法是，明朝在十七世紀末於統治台南到台灣西部的平地之際，將層層疊疊的山岳之意，稱為台灣。

無論如何，中國開始以台灣稱呼的時候，已經是最近的事了。

追根究底，台灣這個名稱是發源於荷蘭的占領時代，這種說法被認為是最正確的。

即使到了今日，住在台灣南部的先住民，還是會指著台灣說「Pekan⑤」。因為印度帝國在東南亞各島擴張勢力的過程中，遭受迫害的南島各族為了尋找新天地，搭乘獨木舟沿著島嶼向東前行，終於抵達台灣，而「Pekan」的意思就是「經過長時間的迷航，最後終於抵達的安居之地」。

在日本大家都知道台灣是「高山國」與「高砂國」，而葡萄牙的文獻中也記載著Tacasagun。

在台灣，標高三千公尺以上的高山連綿，因此被日本稱作高山國。東部有中央山脈縱貫南北，以西有雪山山脈、玉山山脈並行。在這裡共有六座比富士山更高的山，最高的玉山標高三千九百九十七公尺，比日本的富士山還高出二百二十一公尺。

玉山是東亞的 最高峰，在日本統治時期也是國內最高的山，所以被命名為「新高山」。

②日文「タイユアン」的拼音，一般指「太原」，但比較接近當時的稱呼可能是「大員」或「台員」。
③日文「アイアン」的拼音，查不到任何資料，有鑑於其發音與其他兩者有所落差，判斷可能是「タイアン」之印刷錯誤，即「泰安」的稱呼。
④日文「タイヤン」的拼音，音同「太陽」。
⑤日文「ペカン」的拼音，音近似「北港」等漢字。

台灣與大陸之間的關連，始於十七世紀之後

十五世紀開始，隨著朱印船① 開始活躍，許多日本人為了交易，住在現在的基隆、淡水、安平及高雄等地。從台灣主要進口鹿皮和砂糖等物品，台灣也成為與南方交易的中繼地。

豐臣秀吉在一五九三年（文祿二年），派遣擔任長崎貿易商雜役、從事呂宋貿易的原田孫七郎前往高山國，遞交要求納貢的諭令文書，但是台灣的日本人社會沒有組織，所以找不到遞交的對象，最後無功而返。

一六〇三年（慶長八年），身為長崎肥前有馬城主、以基督教大名② 聞名的有馬晴信攻台，並將台灣先住民帶回日本。

德川幕府則在一六一六年（元和二年）企圖占領台灣，派出搭載三千兵力的軍船十三艘，但是在前往途中遇上颱風而失敗。

中國在西元前二世紀以前完成的古籍《尚書》中，將台灣稱作「島夷」，主張自古以來就是中國的一部份，但到底意指哪個島嶼，卻並不明確。

到一九六〇年代為止，台灣在國際上，比起台灣（Taiwan）這個名稱，福爾摩沙（Formosa）更為人所知。

說到費爾南・門德斯・平托（Fernão Mendes Pinto），他是跟隨基督教傳教士聖方濟・沙勿略（San Francisco Javier）一起行動，幾度探訪日本的冒險商人，而福爾摩沙這個名稱，是一五四五

年平托一行人通過台灣西岸，遙望台灣時，隨行者呼喊「美麗島！」（Ilha Formosa）而來。

葡萄牙語中的「Ilha」是島，「Formosa」為「美麗的」之意，平托所著知名的回憶錄《遠遊記》③就如此記載。

台灣在中文裡也以「美麗島」而為人所知，這是葡萄牙語「Formosa」的翻譯結果。

一六二六年，西班牙曾以極其短暫的時間占領過台灣北部，也就是現在的淡水、基隆一帶，並建設堡壘作為貿易據點。西班牙人將「Formosa」用西班牙語發音為「Elmosa」，而西班牙人在十六年後遭到荷蘭人的驅逐。

就像這樣，台灣在歷史上因為被許多國家短暫占領，所以才會有各式各樣的稱呼。

荷蘭占領台南一帶的期間，明朝在一六四四年遭異族——滿族——推翻，改朝換代為清朝。鄭成功打著「反清復明」的旗幟力圖復興明朝，於一六六一年率兵登陸台灣，隔年，就把荷蘭人驅逐出台灣。

---

① 得到日本政府特許的海外貿易船隻。

② 在日本戰國時代，無須幕府任命，只要能支配數郡到數國勢力、穩固支配國人者，且為城主格以上，就稱為「戰國大名」。而「基督教大名」指的是從戰國時代到江戶時代初期，接受基督教信仰並完成受洗的戰國大名，人數並不多，而有馬晴信就是其中之一。一六一三年（慶長十八年）豐臣秀吉頒布「禁教令」，有馬晴信被處刑而死，自此再也沒有基督教大名。

③ 日文原文為《放浪記》，但查不到相同名稱的出版品，可能是譯名不相同所致，因此推測是現有出版的《アジア放浪記》（亞洲放浪記）或《東洋放浪記》及《東洋遍歷記》。台灣目前也沒統一的譯名，比較常見的版本就是《遠遊記》。

如果，明朝沒被滿族推翻，那麼明朝的舊臣便不會渡海來到台灣，圖謀復興明朝吧。如此一來，就像印尼在荷蘭人的統治下，經過數個世紀，被稱作荷屬東印度群島般，台灣或許也會成為荷蘭占領的殖民地。

又或者早先的德川幕府成功攻占台灣的話，也許就會成為日本的領土。

美國某位權威的亞洲史專家曾說過，「最早在台灣設立移民村的，是日本的貿易商人或海盜，他們在距離現在台南市不遠處，建造了一個叫做『高砂』的村落，有相當數量的日本人定居在此。在日本人之後是西班牙人以及荷蘭人到來」。

在那之後，是來自大陸為數眾多、無法生存的難民渡海來到台灣。

眾多流離失所的人從大陸渡海來台，是進入十七世紀之後才開始。在此之前有很長一段時間，台灣與大陸是毫無關係的。

中國的「第一島鏈」與「第二島鏈」構想

中華人民共和國將台灣視為中國固有領土，主張為了收復台灣，他們會毫不猶豫動用武力，就算採取軍事行動，也是國內事務而非侵略，是警察行動。

現今，中國將九州、沖繩、台灣、菲律賓以及印尼婆羅洲連成一條線，視其為禁止美國航空母艦及核子潛水艇進入的海域，稱為「第一島鏈」，英語則是稱為「Anti-Access/Area Denial」（A2/AD，反介入／區域阻絕）。

中國另外將日本從伊豆群島開始，與小笠原群島、關島、塞班島、巴布亞新幾內亞所連成的線，當作是「第二島鏈」。

「第一島鏈」與「第二島鏈」，就是將日本束縛住的蜘蛛網。為了突破這張網，就必須奪取釣魚台群島①。

我們為了守住釣魚台群島，對於軍事力量的使用絕不能過於消極。

①日方原文稱為「尖閣諸島」。

日本與台灣之間無法切斷的關係

以文化的標準來看，台灣也不屬於中國。

「文化」到底是什麼？在文化人類學者之間爭論不休。很明顯的，文化是一種複雜的概念。以我自己的定義來看的話，一個國家或一個社會的文化，是以公德心為首的共同價值觀、記憶、歷史體驗，到涵蓋整潔度的習慣、行動方式以及對未來的期待等方面所建構而成。

二〇一三年（平成二十五年）一月，外相岸田文雄就曾表明台灣是「重要的夥伴」，「同樣擁有民主、自由與和平的基本價值觀」。

日本的政府高官清楚將台灣稱為「重要的夥伴」，這是自一九七二年（昭和四十七年）日中邦交正常化導致日本與台灣斷交以來，首次出現的表態。

日本政府有超過四十年的時間，在誤信中國的同時，因為害怕激怒中國，對台灣只是一味的默不作聲。

岸田外相雖然只是道出理所當然的事實，卻是劃時代的舉動。

我從很早以前就論述，如果台灣有一天滅亡，日本也會跟著滅亡，日台本是一體，說是共有相同的命運，再恰當不過了。

對日本來說，台灣是亞洲中最重要的國家，因此為了日本的永續生存，台灣必須和我們一樣，由認同自由、民主主義價值觀的政權領導，這一點是不可或缺的。

台灣和日本，就像是刺在中國這條巨龍咽喉上的兩支大骨。

對日本而言，在亞洲當中，與日本生死存亡息息相關的國家，除了台灣之外別無他國。

話雖如此，日本與台灣之間，卻完全不存在官方關係，這就如同日本國與國民的安全並非官方事務一般。

我們把日本的安全完全託付予美國，並專心拚經濟，而台灣的安全，也同樣全然交給美國。

日本若沒有美國的軍事援助，就連釣魚台群島裡的一個島也無法守護。很多日本國民都以日本是個「和平主義國家」為傲，但這是非常可恥的事，就像是依賴著他人，過著與身分不符的奢侈生活，卻還沾沾自喜一樣。

今日，台灣在亞洲裡，與朝鮮半島並列被說成是可能陷入戰爭、最危險的起火點。

但是台灣並沒有威逼任何國家，也完全不希望與他國戰爭。

這樣的台灣，卻被視為戰爭的起火點，完全毫無道理。

聯合國憲章中規定，會員國的資格必須是「愛好和平」的國家。聯合國憲章第二章「會員國的地位」第四條規定，「聯合國的會員國身分開放給接受本憲章所載之義務，並經本組織認為確能並願意履行該義務者之所有愛好和平的國家」。台灣的確是愛好和平的國家，不正是應該成為世界模範的國家嗎？

儘管如此，擁有二千三百萬人的國家——台灣，卻被阻擋進入聯合國。難道鄰國的中國可以被稱為愛好和平的國家嗎？

中國在一九七一年（昭和四十六年）奪去中華民國安理會常任理事國的席位，加入聯合國時，曾有蔣介石政權是否該以台灣的身分留在聯合國的議論。

但蔣政權卻退出了聯合國。

這是因為，如果以台灣政權的身分留在聯合國，蔣政權就會以全中國領土的政權來統治台灣，而成為外來政權，因而失去領導台灣的正當性。

台灣絕不是中國的一部份

台灣只有在明朝及其後的清朝，有極其短暫的一段時間是屬於中國的一部份。

荷蘭的東印度公司，在統治台灣前以澎湖群島為據點，一六二二年開始著手建設城堡。明朝將澎湖群島視為領土，因此出兵與荷蘭展開交涉。

此時的明朝，並不認為台灣是領土，因此向荷蘭提議移往台灣。因此荷蘭才於一六二四年從澎湖群島撤出並占領台灣。

東印度公司在交易的同時，也以基督教傳教為目的。原本是公司員工的傳教士，為了先住民西拉雅族的新港社，特別製作了以羅馬拼音表示新港語的新約聖經，教導先住民讀寫。「社」是先住民聚落的單位。

當時新港語的新約聖經現在還留存著，而新港社的先住民在荷蘭人離去之後，還有很長一段時間可以讀寫，不過現在新港語已經消失了。

宋代（九六〇年～一二七九年）的《華夷圖》中，雖然有刊載海南島，但卻沒有描繪出台灣。清代乾隆皇帝在位期間編寫的《清史》中，〈外國列傳〉記載了位在台灣北部的雞卵國隸屬於日本，因此，台灣絕不是中國的一部份。

一八七一年（明治四年），琉球宮古島的六十九名公務員，在自那霸的歸途中遇上了暴風雨，漂流至台灣南部，其中有五十四人遭先住民殺害，而發生了「牡丹社事件」。

日本政府在向清朝抗議時，清朝以台灣是「化外（統治不及）之地」，與清朝沒有瓜葛，所以請貴國懲處就好來回答日本。因此日本政府決定出兵台灣，三年後派遣三千人部隊，討伐牡丹社。

在此之後，日清兩國開始進行交涉，以清朝承認琉球歸屬日本為條件，日本也承認台灣隸屬於清朝，而針對牡丹社事件，清朝支付日本五十萬兩的賠償金。

因此清朝到甲午戰爭①敗北、割讓台灣給日本為止，只有在短短二十年間統治過台灣，在此之前，無論哪個國家都只有統治過一部份台灣而已。

中國雖然主張清朝從一六八四年開始就擁有台灣，但這只是片面的主張，在統治上也不過只有一部份而已，而經由第三國承認領土主權，一八七四年是第一次。

更不用說台灣是中華人民共和國的一部份，一次也沒有。

中華民國也不是台灣法理上的主人。中國在「國防白皮書」中，雖然高喊人民解放軍要「阻止台灣分裂，促進統一」，但如果不以台灣先從中國「分裂」出來為前提，就應該無法促進「統一」。

台灣無論在人種、歷史或文化上，都不屬於中國。

台灣經過日本統治後，開始與日本「共有價值觀」，已經是另一個日本。像這樣的國家，別無他國，那我們為什麼不去擁護另一個日本呢？

①日方原文稱為「日清戦争」。

台灣歷史（簡略年表）

1544年	葡萄牙船員將台灣稱為「美麗之島」
1624年	荷蘭占領台灣
1661年	鄭成功將荷蘭驅逐出台灣
1684年	清朝占領台灣，設福建省台灣府（消極統治）
1871年	日本船難生還者遭當地先住民殺害，發生牡丹社事件
1874年	日本承認清朝擁有台灣，清朝改為積極經營台灣
1885年	台灣自福建省獨立出來，成為台灣省
1895年	依據《馬關條約》將台灣割讓給日本。設立台灣總督府
1898年	兒玉源太郎總督與後藤新平民政長官赴台任職
1930年	經由八田與一指揮完成烏山頭水庫
1945年	08月15日，日本投降、放棄台灣所有權
	12月25日，在台日本人開始撤離
1947年	02月27日，市民與警察發生衝突，爆發「二二八事件」
	03月，國民黨增援軍登陸，對台灣人展開大屠殺
1948年	05月20日，蔣介石就任首任總統
1949年	05月20日，實施戒嚴令
1950年	01月05日，美國總統杜魯門發表不干涉台灣海峽聲明
	06月25日，韓戰爆發
1952年	04月28日，簽署《中華民國與日本國間和平條約》
1970年	01月03日，軟禁中的彭明敏逃離台灣
1971年	07月09日，季辛吉密訪中國
	10月25日，中國加入聯合國，台灣退出
1972年	09月29日，日中邦交正常化，撤銷《中華民國與日本國間和平條約》
1975年	04月05日，蔣介石總統去世，蔣經國就任國民黨主席
1979年	01月01日，美中邦交正常化，美議會制定「台灣關係法」
1987年	07月15日，睽違38年解除戒嚴令
1988年	01月13日，蔣經國去世，李登輝繼任總統
1990年	當年度首次在各地舉行「二二八事件」紀念活動
2000年	05月20日，「台灣獨立路線」的民進黨陳水扁就任總統
2008年	05月20日，「台、中融合路線」的國民黨馬英九就任總統

「遮天鐵鳥撲東京，富士山頭揚漢旗！（我國軍機覆蓋天空，重擊東京，在富士山頂插上漢旗——五星旗②——吧！）③」

這是最新版的〈人民解放軍軍歌〉（為方便讀者，將北京政權的簡體字改為正體）④。

不管是富士山頂或是台灣，絕不讓人插上漢旗。

我在寫書稿的同時，一邊聽著收音機實況轉播在東京巨蛋進行日本對台灣的ＷＢＣ⑤賽事，播報員激動大喊著「台灣的旗子正在揮舞！」

原來是「中華民國在台灣」的青天白日旗⑥在揮舞著。

（當時的）總統李登輝在一九八八年（昭和六十三年），以首位台灣人之姿，就任中華民國總統之後⑦，把自蔣介石政權占領台灣後將其置於中華民國流亡政權統治下的台灣，改稱為「中華民國在台灣」。

青天白日旗是一九一九年（大正八年）孫文在廣東組成中國國民黨時，先將青天白日作為黨徽使用。直到一九二八年（昭和三年）蔣介石成立中華民國南京政府時，才採用為國旗，到一九四九年（昭和二十四年）蔣政權逃到台灣為止，只有短短二十一年的時間在大陸飄揚。

相對來說，中華民國移往台灣之後已過了六十四年，比起在中國大陸的中國，被當作台灣國旗使用的時間要來得長得多。

我並不喜歡從大陸被帶到台灣來的青天白日旗，但曾有短短的一瞬間，覺得其中的這個「日」，不正是太陽旗⑧嗎？

②日方原文稱為「五星紅旗」。
③作者的原文注解。
④作者的原文注解。
⑤世界棒球經典賽（World Baseball Classic）。
⑥「青天白日旗」最早由陸皓東設計，自一八九五年始作為革命軍軍旗使用，一九〇六年在中國革命同盟會的國旗討論上，才產生了「青天白日滿地紅旗」的概念，並於民國元年（一九一二年）成為海軍旗，直到一九二一年孫中山就任非常大總統時才成為國旗。因此這裡的「青天白日旗」應該是指「青天白日滿地紅」的中華民國國旗。
⑦這裡是指一九八八年，時任總統的蔣經國逝世，由副總統李登輝繼任總統。
⑧日文原文「日の丸」直譯是「太陽的圓形」之意，在日本即「太陽旗」，也就是日本國旗。一九〇六年在中國革命同盟會的國旗討論上，對於將「青天白日旗」作為國旗使用的提議，曾引來黃興的反對，認為「青天白日旗」與日軍軍旗的「旭日旗」過於近似，所以這裡作者對於所謂「青天白日旗」的指涉並非沒有來由，其中多少也有些曖昧的意味。

第1章 世界上唯一理解「日本」的國家

——二戰前的日本統治留下了些什麼

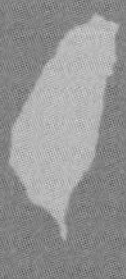

台灣人最尊敬的國家為何？

在台灣根據一份以一千名二十歲以上的人為對象所進行的民調，關於「你所尊敬的國家」這個問題，第一名是日本，第二名則是美國；在「想去旅行的國家」與「想要移民的國家」這兩個問題上，日本與美國同樣分別位居一、二名。

至於「想要留學的國家」，美國則是第一，日本排名第二。（取自台灣《遠見》雜誌二〇〇六年七月號，《遠見》是台灣具有歷史的政治月刊。）

二〇一二年，台灣的「金車教育基金會①」就「學生的國際觀」，針對一千四百二十五名高中生及大學生進行調查。

對台灣而言「最友好的國家」，共有百分之五十六點一回答「日本」，果然還是躍上第一，美國則繼續維持第二；而「最不友好的國家」則有百分之八十七點九回答「中國」，排名第一，第二則是韓國②的百分之四十七點四。

在台灣人當中，有許多人是從孩提時代就從父母、祖父母那兒聽聞「日本是很棒的國家」、「應該向日本人學習」這樣的話長大的。

在台灣如果講到「日本式」，多是用來描述人「守紀律」、「守信用」、「能信任」及「很有禮貌」，但如果講到「中國式」的話，就恰好完全相反，這兩個語詞常常被用在台灣人的日常會話中。

今年我造訪了台北，與台灣的好友們渡過了毫不無聊的一段時光。

在宴席鄰座的，是台灣一位知名經濟人的夫人，她出生於二戰之後，雖然日語說得結結巴巴，但要她唸出從雙親那邊學到像是「很棒、開心、美麗」的日語之後，她卻用日文正確唱出了像是「滿天晚霞、日已暮……③」、「桃太郎啊、桃太郎啊、繫在你腰上的飯糰……④」、「寶寶乖乖睡、乖乖睡吧……⑤」等日本童謠。

她告訴我，「小時候雙親就一直唱給我聽」。

根據台灣觀光局（相當於日本的觀光廳）的統計，二〇一二年台灣有一百五十六萬人前往日本，而從日本來到台灣的參訪者也有一百四十九萬人。台灣人口約為日本的五分之一，若以人口比例計算，到訪日本的台灣觀光客，相當於訪台日本人的五倍之多，而事實上，造訪日本的觀光客中，台灣人是全世界最多。

台灣自馬英九政權上台之後，台北市中心就開始出現五星旗飄揚，在街上巡迴的宣傳車，

---

① 作者原文為「金車教育基金」，但根據該機構官網，名稱應為「金車教育基金會」，所以應該漏了一個字。
② 即台灣慣稱的「南韓」，這裡沿用日方說法，以避免後面內文因歷史因素而產生詞語上的混淆不清，以及翻譯上的名詞不統一，因為作者以「韓國」稱呼時，大多是指「南韓」，但有時同樣以「韓國」稱呼時，是指處於南北韓還沒分裂時的韓國，在獨立之前的韓國作者則以「朝鮮」稱之。
③ 出自童謠〈滿天晚霞〉（夕焼け小焼け），以中村雨紅在一九一九年發表的詩為歌詞，並由日本作曲家草川信在一九二三年譜曲。
④ 出自童謠〈桃太郎〉，作詞者不明，作曲者為岡野貞一。
⑤ 出自日本歷史悠久的搖籃曲。

不斷從大聲公傳出「釣魚台（中國對尖閣諸島的稱呼）是中國的領土！」、「打倒小日本！」等令人心煩的叫嚷。「小日本」是中國人在侮辱日本時的稱呼。

即使到現在，五星旗和台獨（台灣獨立）的綠色旗幟同樣禁止在台灣懸掛，如果這麼做應該就會馬上遭到逮捕，但馬英九政權上台以來卻默許這樣的事。

馬英九總統的國民黨政權，是在二〇〇八年（平成二十年）打敗民進黨這個台灣人的政黨之候選人而誕生。然而現在民意調查的支持度已落到了百分之十二，十分低迷。

馬英九政權因為採取親中政策，因此被期待台灣獨立的台灣人稱作是「大陸政權」。

馬英九總統的雙親是中國人，他在香港出生，「馬英九」以北京話發音讀作「Ma Ying-jeou」，台灣話的發音則是「Ma Eng-kiu」。

一方面，台灣話中「九」與「狗（犬）」的發音相同，因此許多台灣人會叫他「馬英狗」。

很多台灣人常自稱為「愛日家」，因此這所謂「愛日家」的語詞，被廣泛使用。

台灣對日本而言，是最友善的鄰國，對日本抱持如此善意的國家，世界上別無他國。

為什麼台灣的人們會如此珍惜日本呢？

喚中國觀光客是「豬」的台灣人

近來，有大量來自中國大陸的觀光客到訪台灣。

根據台灣觀光局統計，二〇一二年有來自中國的二百五十九萬觀光客赴台旅遊，比日本觀光客還多出一百萬人以上。

經過台北市內的銀行與其分行，都會看到掛著「本行開辦人民幣業務，歡迎洽辦（本行歡迎兌換人民幣）」的布條。「洽」是「友好」、「使受惠」，「辦」是「服務」的意思。

包含東南亞最高的「101」摩天大樓在內，台北各著名觀光景點都可以看到巴士載著中國觀光客到達，漫步在街頭。

據說台灣人一眼就能分辨出誰是中國觀光客，與台灣人交談之後，就會聽到台灣人口出批評之語，說著「就連走路的方式也很散漫」、「中國人很沒禮貌」、「台灣人和日本人的心地善良，中國人心思齷齪」。

台灣人稱來自中國的觀光客們「426」，對他們非常反感。「426」是台灣話——閩南語——發音是「Shi A Ra A①」，即「死阿陸」，是「去死」的意思②。

---

①這裡採作者所寫的日文片假名「シーアラア」拼音。

②中文通常都寫作「死阿陸仔」，作者這裡解釋為「去死」（死んでしまえ），但中文實際上不一定有咒人死或希望對方死掉的意思，大部分只是作為「咒罵」的修飾語。

但因為中文——北京話——中的426發音是「Shie A Ryo③」，所以除了台灣人之外，沒人會懂這中國人別名的意思。

台灣人將大陸來的中國人以「芋頭」（老芋仔）或「豬④」來輕蔑稱呼，從一九四五年日本戰敗，中國國民黨軍隊從大陸來到台灣開始，就是這樣稱呼。

台灣的人們雖然欣喜於中國觀光客的消費，但還是喜歡這樣稱呼他們。

中國觀光客完全不介意造成周遭的困擾，總是大聲說話。

而且中國觀光客會將住宿飯店裡準備的東西，從毛巾、浴室的踏腳墊、吹風機到牆上的畫全部帶走。

當飯店服務人員發現，想從準備出發的中國觀光客那裡取回時，雖然是丟臉的事，但他們卻會大吼「這些都包含在費用裡的，沒有必要歸還」，而大吵大鬧。

甚至飯店的房間、走廊，到處都被吐痰和剩菜殘渣弄得汙穢不堪，收拾殘局實在累人。中國人怎麼說就是教養很差，可說是清楚呈現出這個民族歷經二千年以上的教育失敗。

中國人不管什麼時候都很吵鬧，就算是與親朋好友說話，就我們從旁看來，都像是在吵架。不過韓國人、阿拉伯人及西方人的聲音也都很大，這是因為自我意識強大。

我在十幾年前，曾受邀前往位在東京的美國大使公館，在場約有二十名美國客人，我與美國的觀光業者一邊用單手拿著酒杯，一邊站著聊天，他們理所當然對洛杉磯及佛羅里達的迪士尼樂園非常了解。

他們來日本前，有先走訪香港迪士尼樂園⑤，現場髒亂的程度簡直讓人無法相信自己的眼睛，讓人不禁皺眉。所到之處都是隨地吐痰與小便的人，就連吃完的雞骨頭也是到處亂丟。

可是當他們來到浦安的迪士尼樂園時⑥，卻因為所到之處連一片垃圾也沒有，而感到驚訝，這是連美國的迪士尼都不會發生的狀況。

③這裡採作者所寫日文片假名「シェアリヨ」的拼音。
④這裡作者都是以台灣話的發音來註記，即英文D的發音。
⑤香港迪士尼於二〇〇五年開幕，至今天尚未滿十年，與作者前文所說的十幾年前有所落差。
⑥台灣一般稱為「東京迪士尼」。

從秦代開始就從未改變過的中國人本性

日本文化與中國文化的差別在於，日本強調「乾淨」，而中國則是「汙穢」，缺乏公共精神、衛生觀念及羞恥心。

「躾①」這個漢字，是表達日本獨特概念的存在，並不存於中國，是日本製造出來的國字，是眾多「和製漢字」的其中之一。

我曾試著把這個國字拿給好幾個中國朋友看，說明這是日本製造出來的漢字，要大家猜猜其中的意思，結果每個人都只能回答出像「肉體很美麗的女性」這種情色面的務實發想。

日本恰如中國的對照，是極度重視「和之精神」的文化，從「和之精神」帶來了「躾」，而「躾」正是日本獨特的產物，是從抑制自己的起心動念而生。

日本現在已經固定使用「躾」這個字，但在明治時代以前也會組合「身」與「花」，寫作「躮」。

當然，到日本、美國或歐洲留學的中國留學生中，也有不少優秀青年在出國後養成了一身的禮貌——禮儀的方法。

因此，我認為應該要儘可能讓更多的中國年輕人到日本或美國的優秀大學留學。

不過就算是這樣，中國人的本性，從秦始皇時代開始，就完全沒有改變過。

中國歷代王朝向來都是侵略的王朝，為了滿足統治者的貪婪慾望，便恣意掠奪民眾。為政者通常都會將自己的行為正當化、美化，把說謊變成正確的事。

因此，經由歷史，中國人從沒有想過政治會為自己帶來好處，於是人們便將嫻熟掌握自保的技巧視為理所當然。

中國人只相信自己的血親，而日本因為是和平的國家，所以父母送孩子到學校前，會對孩子說「要跟大家和睦相處」。

我問中國的朋友們，在送孩子上學前會說什麼？他們會告誡孩子「不要被人給騙了」。

經由歷史，可以知道中國是頻繁遭遇人禍、很可憐的民族，不得不同情他們。

如果說日本是天災頻繁的國家，那中國就是不斷遭逢人禍的國家。在中國完全不曾想過要培植公眾精神、和平之心或公共道德。

順帶一提，韓國在送孩子出門前，則是會說「一定要拿第一！」「不要輸給別人！」

如果去問台灣人同樣的問題，因為受到日本教育的影響，據說都會說「要跟大家好好相處（大家都是你的好朋友）」或是「不要跟同學吵架喔（不可以吵架）」。

①這個字一般翻譯為「教養」的意思。

圓山大飯店客房內放置的日文指南

有一次我投宿在圓山大飯店時，在客房書桌的抽屜中發現，放著用日文寫的「台灣第一次建設在最大的『台灣神社』遺跡上的大飯店」指南。

三折的指南上，刊載著五張昔日的台灣神社相片，而圓山大飯店是建立在被國民黨政權破壞的台灣神社遺跡上。我想要介紹一下全文：

「一八九七年（明治三十年），總督乃木希典決定在圓山建立紀念已故北白川親王（註：一八九五年，以近衛師團長身分出征台灣，在當地病歿）的祠堂。一八九九年四月一日，舉行台灣神社的破土儀式。一八九九年五月動工，一九〇一年十月二十日完工。

神社範圍總計達到八萬坪，是台灣唯一的官幣大社，而且也是最大的神社。十月二十八日舉行大祭典禮，日本國內爲數眾多的高官來台灣觀禮，就連北白川親王的王妃也搭船來參加典禮。

台灣神社落成後，每年十月二十八日都會舉行『台灣神社祭』。

皇太子殿下裕仁親王赴台灣神社參拜

一九二三年（大正十二年）四月十二日，東宮皇太子裕仁親王（三年後的昭和天皇）搭乘軍艦自橫須賀軍港出發，經過四天的航程，於十六日抵達基隆。

而後展開爲期十二天的周遊活動，二十七日結束台灣之旅，再從基隆港回到日本。這是日本統治台灣以來的五十年間，唯一一次皇太子周遊海外的例子。另外也是唯一一次參拜台灣神社的例子。

裕仁皇太子從基隆搭乘汽車抵達台北，文武敕令官與擁有爵位的人們，及總督府的評議委員，還有外國領事等九十八人在台北車站內恭迎，同時也受到街頭的學生團體以及民眾熱烈歡迎。

晚間在台灣各地都有燈籠隊伍①。接著第二天在台北，先是赴台灣神社參拜，接著聽取總督報告，並參觀台灣特產品的展覽會。同時也出席在新建完成的圓山運動場上舉行的學生聯合運動會，並在總督官邸（現在的台北賓館）與文武官民約七百人，舉行賜茶儀式。

四月二十六日在前往台灣步兵第一連隊閱兵之後，便前往專賣局、學校參訪，下午六點在旅館設宴款待立有功績的文武官員、總督府評議員、以及民間有力人士共計八十三人。晚間在新公園（注：現在的二二八紀念公園②）觀賞煙火，二十七日便從基隆搭乘同艘軍

①提著燈籠的隊伍在日本通常是慶祝與表達祝賀的行為。
②作者的原文注解。

艦返回日本。

裕仁皇太子在台灣停留的期間雖短，卻在各地都留下了眾多紀念碑及文化財產。但是其中一部份卻被損毀，令人感到非常惋惜。」

無論是從日文的用字遣詞來看，或是從「令人感到非常惋惜」這樣的敘述方式來看，我認為這個指南是由體驗過日本時代的台灣人所寫，感動之情湧上心頭。

把日文當作母語、保有日本精神的本省人

在台灣，台灣人稱為本省人，而與蔣介石一起來到台灣的中國人則以外省人的稱呼來作區別。

只要是在日本時代接受教育的人，不管是誰都對過去的日本感到驕傲。

我在往來台灣的過程中，結交了許多本省人的好朋友。

其中像是陳燦輝先生，雖然經營專利事務所，卻與許多日本親台的文化人都有深交。

陳先生是最具代表性的愛日家，生於一九二五年（大正十四年），卻把日本當作是第二個祖國，不，也許是當作心靈的祖國。

每次造訪台北，他總是待我如家人，而受到他的熱情款待。

邀請我們去唱卡拉OK時，日本歌曲當然是用日文一首接一首地盡情歡唱——熱情高歌①。

陳先生在李登輝政權登場之後，為了在台灣傳達正確的日文，一九九二年以發起人身分，與長兄陳絢輝共同創立了「友愛日語俱樂部」。

陳先生這一輩的本省人，因為把日文和台灣話都當作母語，因此格外能理解日本人的心。

每個人都說「日本是很棒的國家，請日本更加抬頭挺胸」，對日本戰後失去了日本該有的

①這裡的「盡情歡唱」原文為中文，所以後面才會為日本讀者解釋為「熱情高歌」。

樣子，而感到悲憤慷慨。我們的心，好痛。

在與台灣人越來越親近的同時，我也為台灣人保有二戰前日本人的精神而感到驚訝，有很多台灣人比日本人更像日本人，因為台灣人不曾接受過美國的占領，所以才保留了日本人的原始樣貌。

我與台灣大有來頭的彰化商業銀行羅吉煊會長及其家族熟識。他在日本的舊制高中學習，對日本近代史也有數篇優秀的論文，是位博學的愛日家，彰化商業銀行也是在日本時代創業的。

造訪台灣時，包括台灣銀行董事長（總裁）②在內，他邀請了本省籍的經濟界人士，為我舉行歡迎會。日本的「交流協會」代表也受邀參加。台灣銀行相當於日本銀行，而「交流協會」是在日台斷交後，日本政府為了日台交流而設立，是民間機構的名稱。

我在宴會的過程中注意到台灣人為什麼都在說日文。

於是，我對羅會長說：「請不要顧慮我們，說台灣話就好。」

結果，羅會長對我解釋說：「不是這樣，台灣話因為是口語，沒有關於政治與經濟領域上的艱澀語彙。而對於我們來說，北京話又是之後才學的，沒辦法說得很好。因此，在我們之間，總是用日文交談，絕對不是因為你們的關係，才刻意說日文的。」

我常常有機會受邀到台灣演講，在那樣的時刻，我總是會引用過去美國總統約翰．F．甘迺迪在一九六三年訪問西柏林時，在「柏林圍牆」西側就近裝設的講台上，一邊俯視著東柏林，一邊進行演說的其中一個段落來結尾：

「雖然甘迺迪總統是說『Ich bin ein Berliner』（我是一個柏林市民③），可是痛恨大陸中國暴政並尊崇自由的人不妨說『我也是一個台灣人』吧！」

二〇一三年六月，歐巴馬總統訪問柏林時，站在布蘭登堡門前，引用甘迺迪總統在半世紀前演說的「Ich bin ein Berliner」，但是歐巴馬總統在身為黑人（在美國為何流著一半白人血統的人卻不被稱為白人呢？）的同時，對人權的關心度卻很低，所以他應該不會說「我也是一個台灣人④」。

②作者原文為「薫事長」，應為「董事長」的別字。

③這裡是依作者的日文翻譯，但台灣大多將德文譯為「我是一個柏林人」。

④一九四五年納粹德國戰敗，領土被同盟國分區占領，分別由美、英、法及蘇聯管制，後來美、英、法的占領區合併為「德意志聯邦共和國」，即日後所稱的「西德」，而蘇聯占領區則成立為「德意志民主共和國」，為「東德」。一九五〇年代因為東德大部分人口都不認同社會主義國家的政治與經濟體制，所以有大批居民非法越境到西德，於是一九六一年東德修建了「柏林圍牆」，對越境者加以射殺。美國總統甘迺迪當時的演講，就是以訴說「我是一個柏林人」來彰顯自由國家的可貴之處，因為東德的人民絕對不會以此為傲，所以這句話其實是在彰顯自由的價值。因此，作者在此同樣以「我也是一個台灣人」來突顯台灣與中國的不同，並在最後對歐巴馬只會說「我是一個柏林人」而不可能說「我也是一個台灣人」的矛盾立場提出批判。

親切接待我的外省人高官們

在往來台灣的過程中，和本省人一樣，我也與許多外省人高官及有力人士變得親近。從大陸來台的中國人中，有不少具有魅力的人。

何應欽將軍曾多次招待我去他的台北住所，他是日本陸軍士官校第十一期的學生，年輕時便參加了辛亥革命，是蔣介石的親信。日本九一八事變①後的一九三五年（昭和十年），在北平郊外軍事衝突危險升高之際②，何應欽與支那派遣軍司令官梅津美治郎中將締結了《何梅協定》③，他的名號也因此為人所知。他在中日戰爭④中擔任參謀總長，在南京接受日本支那派遣軍的投降。

那是一棟簡樸的日式住宅。老當益壯（老而健壯）的他，說著流暢的日文。何應欽將軍因為在日本擁有高知名度，所以自日本而來的訪客絡繹不絕。

我的亡妻是在她父親擔任台灣總督府外事警察課長時於出生台北，當時的日本稱在台灣出生的日本人為「灣生」。

我與妻子一起造訪台北時，國家安全會議的沈昌煥秘書長一知道這件事，就在總督府內親切招待我們，讓我太太感到很開心。

時至今日，台灣的長榮航空連結了羽田機場與台北市中心的松山機場，這是在海運業成功發展的台灣人張榮發先生，進軍航空事業所創立的公司。從機身到空服員的圍裙、座位上的靠墊，及機艙內的所有物品，全都有日本的 Hello Kitty 圖案。

飛向位在台北市中心的松山機場，高度下降時，映入眼簾的是，建造在綠色丘陵上，裝飾著金黃色瓦屋頂的紅白色、壯麗、中國式建築——圓山大飯店。

雖然之前也有介紹到圓山大飯店，不過為人所知的還有那是在蔣介石政權時代，由宋美齡夫人所打造一事。

在這間飯店裡，有著我各式各樣的回憶，帶著亡妻投宿到這裡，到街上閒逛時，有間寵物店，我們與一隻幼犬看上眼，是隻鬆獅犬，妻子不管怎麼樣就是想要，所以就請店家送到飯店來。

錢復先生時任外交部長（外務大臣），是外省人，第一次見到他時還是新聞局長（政府宣傳局長），出身於我的母校耶魯大學的勁敵——哈佛大學，感覺很親切。

那天晚上，錢部長舉行晚宴款待，我提到了想要小狗的事情，拜託他幫忙為小狗取個名字，他笑著說「找我幫小孩取名的人很多呢」，便爽快答應。

---

① 日方原文稱為「滿州事変」。
② 以中國的說法是指「河北事件」，即民國二十四年五月，天津日租界國權報社社長胡恩溥與振報社社長白逾桓被刺案，日軍認為此暗殺事件是中國的排日行動，因此想藉此製造侵略中國的機會。
③ 日方堅稱有此「協定」，而部份中國史料也稱此為賣國協定，但國民政府堅稱這是日方捏造的名詞，並無此事，何應欽送予梅津美治郎的只是一件通知備忘，上面並無任何簽字蓋章。
④ 即「抗日戰爭」，日方原文稱為「日華事変」。

他幫小狗取了「來喜」這個名字，隔天，外交部就將錢部長揮毫的「來喜」兩字墨寶送到飯店來。

我們把小狗帶回東京，之後中國人民解放軍的將官，及中國大使館的幹部只要來到我家，平常友善待客的小狗，就會露出牙齒，狂吠不止。所以每次只要接待大陸客人，就必須把牠關進寢室裡。

後來，在李登輝政權中擔任副總統並成為國民黨黨主席的連戰先生，我與他的知遇，也是在圓山大飯店。

與連戰先生第一次會面時，是在蔣介石政權的時代，當時他是台灣大學政治學系⑤系主任。他的父親是台灣人，母親是大陸的中國人，因此被稱為「半山」。

在台灣，中國大陸被稱作「唐山」，因此如果是台灣人和中國人的血統各半，就稱為「半山」。「Puan San」是台灣話，北京話是「Pan San」⑥。

我受邀在圓山大飯店舉行的會議，針對東亞的安全保障做報告，那是在蔣介石總統的時代。我從以前就確信台灣不是中國的一部份，應該要獨立，因此報告中始終將台灣稱之為「台灣」。

於是在休息時間，連戰教授前來抗議說「不要說台灣，希望稱呼為中華民國」。我向他說明，為使國際社會支援台灣，我認為與其使用還在統治中國大陸全域這種虛構內涵的「中華民國」，其實更應該稱為「台灣」。

之後我曾擔任各式各樣的企業顧問，在以JAS航空⑦顧問的身分，帶領同公司副社長及常務訪台時，這家公司希望取得日台航線，連戰先生時任交通部長（運輸大臣），對我們盛大歡迎。副社長對我說：「就算是社長來了，也不見得會有這麼大的歡迎排場吧！」給足了我面子。

⑤日文原文稱「台湾大学国際政治学」，但正確名稱應為「國立臺灣大學政治學系」，並無「國際」二字。
⑥前者是日文片假名「プアンサン」的拼音，後者則是「パンサン」。
⑦日本航空公司「日本日本エアシステム」（Japan Air System），存於一九七一年至二〇〇四年間，如今已不存在。

與日本心意相通的李登輝先生

另外我也得到了李登輝總統的知遇，造訪台北時，只要在總統府的時間許可下，就能和他說上話。

李登輝總統的名字，用台灣話發音是「Li Ting Hui」，中文發音則是「Lee Teng Hui」。

我與李總統在一九九四年（平成六年）首次見面，我將那時候的事，以「德高望重的人」為題投稿《文藝春秋》的卷首隨筆。

「三月造訪台北時，得到與李登輝總統會面的機會。

李總統所領導的中華民國，人口雖然只有兩千一百萬，但國民生產毛額（GNP）卻位居世界第二十名，外匯存底僅次於日本，爲世界第二，是一個自由且富裕的國家。台灣在李總統的帶領下，大膽推進民主化，是中國冗長歷史中，第一個民主主義的國家。

李總統爲人爽快，一點也不做作。偶爾會有些人，即使是第一次見面也不會有生疏感，而他就是這樣的人。與李總統的會面是在總統府中，歷時一個半小時，談話一開始，李總統就告訴我，日本在日本統治時代，爲台灣的經濟發展奠定了基礎，這是多麼大的貢獻啊。

『因爲一八九五年的《馬關條約》①，而成爲日本領土的台灣，兩年後便迅速的從夏威夷引進竹節狀的甘蔗，在一九〇五年日俄戰爭中，更領先日本內地從德國進口化學肥料等，民政局長後藤新平與總督兒玉源太郎攜手，建立獨立財政、專賣制度並創設台灣銀行等，爲台灣發展奠定了良好的基礎。』

他口中說的是流暢的日文。李總統自二戰時的昭和十八年（編按：一九四三年）起，在京都帝國大學（現在的京都大學）學習農業經濟學，期間受徵召成爲幹部候補生，官拜陸軍中尉直至二戰結束，之後回到台灣大學執教鞭②。

『若要舉出對台灣最有貢獻的日本人，恐怕在日本有很多人並不認識，但自大正九年（編按：一九二〇年）開始，耗費十年時間建造嘉南大圳的八田與一技師，應該是第一位被提及的吧。他就是在台灣南部，從嘉義到台南的廣闊嘉南平原上，建造了了不起的水庫及大大小小的給水路，使將近十五萬公頃的土地變得肥沃，讓近百萬人的農家生活變得富裕的人。』

『圳』，是灌溉用的人工溝渠，能讓旱田變水田，使在來米改良成蓬萊米。李總統參考八田技師將土地三分、輪流種植甘蔗、稻米和雜糧的『三年輪作系統』，以此爲往後水利事業的範本，李總統熱切地談論著。

八田先生在二戰中前往南洋的途中，遭到美軍潛水艇以魚雷攻擊身亡。遺孀在終戰不久之後，便在八田先生建造的烏山頭水庫跳水自盡，追隨亡夫之後。

---

①日方原文稱為「下關條約」。

②這裡的行文可能會造成誤會，李登輝在二戰結束後的一九四六年回到台灣，並非直接執教，而是轉學進入國立台灣大學農業經濟系就讀，並於一九四九年畢業，然後才留在學校當講師。

佇立在烏山頭水庫工地現場附近的八田與一銅像。一九三一年製作，為了躲避日本戰爭時期的金屬回收令而被當地民眾藏起來。戰後雖未取得國民黨政權的許可，卻在一九八一年再度設置於原本的位置。

照片提供｜每日新聞社

『現在，那個儲水池被稱作珊瑚潭，湖畔有八田夫妻的墓園。在那裡的辦公室中還放置著八田技師的青銅像。』

李總統還提到，母校京大的名譽教授清水榮，今年二月底參加在台北舉行的研討會時，『披露出一個無比重大的歷史事實，即一九三四年，在舊制台北帝大的物理學教室中，荒井文策教授成功完成了亞洲第一個原子核的人工破壞及重水製造實驗』。台北帝大就是現在台灣大學的前身。

『教授說，那一年進行最初實驗的七月二十五日，對台灣而言是值得紀念的日子。有份資料顯示，在日本內地，實驗大約比這遲了三個月才在阪大③成功。當時的台灣總督府，因爲有針對販賣至日本內地的砂糖課稅，所以經費十分充足，對台北帝大的預算編列也很寬裕，因此才有許多重要的研究成果。』

我與世界上許多國家的領導者都曾見過面，不過能像李總統這般如此與日本心意相通的人，應無他人。這不僅是總統，即使是台灣的人們也可說是一樣的。

我的朋友裡，還有淡江大學日本研究所④所長張炳楠先生。淡江大學在台灣是有名的私立學校，張教授是在日本明治大學時開始進行殖民地經營的比較研究，而被授與博士學位。

③ 即「大阪大學」。
④ 淡江大學「日本研究所」已於民國九十八年後併入新的「亞洲研究所」裡，為「日本研究組」。

根據張教授所言，中國有台灣及海南島兩大島，面積幾乎相同，兩個島都被清朝稱作是『化外之地』。

有次和張教授聊天，張教授說到『如果甲午戰爭後，日本不是占領台灣，而是海南島的話，現在的海南島就會像台灣一樣發展，而台灣一定也會如同現在的海南島水準一般吧』。

日本自明治時代到二次世界大戰⑤戰敗爲止，在侵略、掠奪周邊各國的歷史觀中，遭統治這一方的台灣領導者，卻斷定自己的國家正是因爲日本時代，才能培植今日經濟發展的基礎，面對這樣的態度，讓身爲日本人的我，反而正襟危坐了起來，這正是所謂德高望重的人。

儘管如此，讓人感到遺憾的是，日本人對於曾經是日本國民的台灣及韓國人們，卻是表現出冷淡的態度。倒是對英國、法國、荷蘭、葡萄牙、美國，這些舊殖民地國家，締結了非常良好的關係。這是日本人胸襟狹窄的表現。

其中，台灣是世界上最爲親日的國家，我們應該對這樣有德的國家，予以回報。」

⑤作者日文原文為「太平洋戰争」。

正式向「二二八事件」遺族道歉的李總統

某一次和李總統談到台灣外省人的話題，他對我說：「加瀨先生，中國人真是有讓人討厭的地方對吧」，就連自己是中國人也都看不下去。

不只是在亞洲，李登輝先生①在國際上也是最優秀的哲人政治家，因此在面對一國的危機時，必定能展現出優秀領導者的風範吧。

我雖與李總統變得親近，但每次與他會面時，都會讓我確實感受到，二戰前日本國民的精神文化是多麼的美好。

李登輝先生說「我在二十二歲之前是日本人」，「我學到了日本滅私奉公②的精神」。李先生是二戰前的日本教育所創作出來的傑作，我在當下對現今日本人是否還是滅私奉公而感到羞愧，每次與先生會面總讓我感到正襟危坐。

然而遺憾的是，我在與李登輝先生同輩的日本人身上，幾乎不記得有過相同的感動，日本

①作者在此之前都是以「總統」稱呼李登輝，但這裡突然改以「先生」稱呼，後文也開始交替使用兩者，在日文裡，「先生」既是尊稱也廣泛運用於各種場合作為職稱，有時是老師，有時也是師匠、醫生、律師等意思，這裡在語感上有尊稱的感覺，也帶有一點老師的感覺，不過翻成「老師」在有些段落上，文意卻說不通，另外作者又常常在文中加入中文用語，所以「先生」也可能只是中文的單純稱謂，經過考量，決定統一保留原文的「先生」稱呼。

②即「消滅私念，一心為公」。

人已經失去了日本人該有的樣子。

李總統招待我到他的自宅，帶我參觀他的藏書室，在多達數千冊的日本書籍中，還有岩波文庫全集。我懷疑在日本的政治家中，到底有誰擁有這般出色的藏書室呢？包括鈴木大拙、西田幾多郎在內的著作，滿滿地排在書架上，全都是好書。

台灣因為美中邦交的建立，成了世界孤兒。李登輝總統為突破台灣的孤立狀況，其中一個手段便是把美國猶豫是否對台販售最新型F-16戰機的時刻當作是契機，改向法國採購幻象戰機，藉此加強與歐洲之間的連結。

此外，要在中國壓倒性的軍事力量下守護台灣，他考量到完全依賴於美國的台灣防衛將會是危險的，因此堅信台灣應該擁有核武。李總統在一九九九年（平成十一年）曾說過「台灣應長期研究核子武器」。面對核子威脅，保有核子武力是基本，然而卻因為美國的強烈反彈，而不得不收回此番發言。

我曾三度前往以色列，以色列也和台灣一樣，被包圍在阿拉伯各國當中，呈現孤立狀態，是中東情報的寶庫。與以色列情報相關人員對話，得知在東京還有中華民國大使館的時候，與我很親近、負責報導的書記官S先生，曾以台灣政府代表的身分，帶著取得核子武器技術的密令，在此停留了一段時間。

在李登輝總統的領導下，台灣的台灣化有了進展。李總統在一九九一年（平成三年）接見台灣各地的二二八受難者遺族代表，承諾調查清楚事件的原委。

二〇〇七年六月七日，前往靖國神社參拜的李登輝先生。

照片提供｜每日新聞社

一九九五年（平成七年）決定以國家的立場對二二八事件的犧牲者給予補償。

關於二二八事件，且讓我在第二章再詳述吧。這一年，就在成為二二八事件開端的台北新公園裡，二二八事件紀念碑落成了。李總統出席紀念典禮，代表政府首次向遺族正式謝罪。

隔年，當時民進黨的台北市長陳水扁，將新公園更名為「二二八和平公園」，並決定設立「二二八紀念館」。

李登輝總統在卸任後參訪日本時，去參拜了靖國神社，參拜靖國神社的外國人中，台灣人明顯較多。

李登輝前總統卸任後，常常有「釣魚台群島是日本領土」的發言。

致力於台灣近代化的十位日本人

許文龍先生是作為台灣主要企業的奇美實業公司創辦者與業主，他邀請我前往他在台南的住家。

奇美從汽車、電腦、個人電腦到家電製品都會使用到的ABS樹脂，及液晶顯示器都製造，是世界屈指可數的製造商。

許先生出生於一九二八年（昭和三年），也是具代表性的愛日家之一。他熱烈地告訴我，台灣人在大陸政權的統治下，遭遇過多麼悲慘的狀況，以及日本為了追求台灣的近代化，做出了多麼大的貢獻等。

那個晚上，許先生拿出當日剛剛海釣上岸的魚來烹調，吃完晚餐後，又拿出心愛的小提琴——他的另一項興趣——陸續演奏了日本的〈細雨濛濛的月亮〉、〈朧月夜〉及〈肥皂泡〉給我聽。

許先生對日本讚不絕口。一九九九年（平成十一年），以許先生為中心，在台南由日台兩國的大學教授舉辦了「表彰後藤新平與新渡戶稻造的成就國際座談會」，當地的台南市長及台灣經濟界的重量級人士都一同參與。

許文龍先生希望將日本為台灣近代化做出重大貢獻的這件事，讓新世代的台灣人知悉，於是投注個人財產，製作後藤新平、新渡戶稻造、八田與一、羽鳥又男、浜野彌四郎、新井耕四郎、鳥居信平、松本幹一郎、磯永吉及末永仁這十人的銅像，並將之個別設置在與台灣有所因緣之處。

後藤新平以台灣總督府民政局長的身分，發揮才幹，邀請新渡戶稻造來振興台灣的糖業，這段歷史在日本也廣為人知。而關於八田與一的功績，在稍早提到《文藝春秋》的隨筆中也有提及。

鳥羽又男在二戰中從一九四二年（昭和十七年）開始，擔任最後一任的台南市長，儘管戰時材料不足，卻還是修復並守護了荷蘭時代的遺跡。

浜野彌四郎藉由鋪設自來水系統，大大提升了人民的生活，台灣人尊稱他為「都市的醫師」。

新井耕四郎則被稱作「台灣紅茶產業之父」。

鳥居信平藉由地下水庫①與地下集水廊道建設灌溉網絡，讓荒野變為綠地。

松本幹一郎雖然是實業家，卻成為台灣的電力事業之父。

磯永吉及末永仁將本地品種的稻米改良為蓬萊米，大幅提升台灣的稻作。

銅像當中，有從日本時代就存有的，但國民黨為了消除日本時代的記憶，將全部都破壞了。

在李登輝的政權之下，民主化大幅躍進，才使得彰顯日本對台灣的貢獻成為可能。

不過即便如此，日本的報紙與電視，對台灣具代表性的企業家所主辦、讚揚日本統治的座談會，及製作、設立日本統治時代為台灣竭盡心力的十位日本人胸像這些事，為什麼都不做報導呢？為什麼日本媒體會厭惡這樣稱讚日本的話題，還視而不見？我實在難以理解。

八田與一建造了巨大的烏山頭水庫，以及約一萬六千公里的灌溉用水路，在他生前，參與烏山頭水庫建設工程的技師及工人，建立了八田穿著工作服的座像。

銅像在二次世界大戰時，為了避免成為金屬供出，被藏匿在倉庫之中，戰後也藉由台灣有志者之手守護。

有志者在一九八一年，向政府申請設置銅像的許可，遭國民黨政權拒絕。但是第二次提出申請時，因為沒有答覆，所以被解釋為不反對，因此銅像回到了原本設置的地方安置。

二〇〇七年，民進黨的陳水扁總統對八田頒贈褒揚令。二〇一一年，馬英九總統也參加了八田的慰靈祭，因為「八田與一紀念園區」（紀念公園）的落成，過往的四棟宿舍也恢復了原貌。

八田曾住過的宿舍，重現了壁龕、拉門及有隔扇與榻榻米的日式房間，讓人可以接觸那個時代的日本人精神。

台灣的外交部（外務省）中，也放置著八田與一的銅像，這與韓國違反《維也納公約》②當中維護駐外使館尊嚴的規定，在日本大使館前設置慰安婦銅像，是多麼大的不同啊！

---

① 台灣稱為「二峰圳」。
② 即 Vienna Convention on Consular Relations，一般中文譯為《維也納領事關係公約》。

造訪「三笠號」戰艦的台灣青年

幾年前的夏天，我的讀書會有超過三十名成員，準備了一輛巴士，去參觀橫須賀三笠公園當中的紀念戰艦「三笠號」。那是在日俄戰爭的對馬海峽① 海戰中，屬於東鄉平八郎司令長官的光榮旗艦戰艦「三笠號」。

讀書會成員當中，有位二十歲後半的台灣青年，他來到日本公司上班。

登上戰艦後，他從襯衫口袋拿出一張照片，用日文對著照片說：「爺爺！我登上三笠號戰艦了！」

我借看了他的相片，相片中是一位穿著海軍制服的年輕人，纏繞海軍帽上的帶子，能清楚看到上面寫著「大日本帝國軍艦利根號」。

他說：「爺爺生前非常疼愛我，我們家族總是以爺爺身為日本海軍軍人，以及曾在戰爭中搭上巡洋艦利根號為傲。」

我在紀念品店買了Ｚ旗徽章送給他，Ｚ旗是在對馬海峽海戰中，東鄉長官希望激勵士兵奮鬥到底而懸掛的信號旗，因此而有名。

我向讀書會的成員說明，船舶信號旗是從Ａ編排到Ｚ，為什麼東鄉長官會選擇最後這個字母。原來Ｚ之後就沒有其他的文字了，要是在這場海戰中敗北，日本也就沒有以後了。

每當中國大使館的國防武官輪替時，我都會向他們介紹紀念艦「三笠號」，希望藉由此事讓他們了解，這是日本國民面對超級大國俄羅斯，而誓死挺身對抗，所以絕不能被視為侵略戰爭。台灣現在的總統府，就是過去的日本總督府，即使到現在也都還展示著日本時代的歷代總督相片。

話雖如此，那麼台灣的人們為什麼會對日本抱持如此強烈的善意呢。我想是因為日本對台灣的近代化用心以對，因此台灣人才會對日本人的高貴情操銘記在心。由日本對台灣及韓國②的經營，就能證明當時日本人精神上的崇高。

日本在對台灣與韓國的統治上，與西方各國採用澈底壓榨當地為目的殖民地統治完全不同。日本是尋求台灣與韓國的近代化，為提升台灣人與韓國人的教育與醫療等生活，每年從國家預算中編列鉅額的預算予以投資。

即使到了現在，日本對開發中國家的經濟開發援助（ＯＤＡ），也與其他先進國家的援助不同，是基於善意，將損益計算置於度外，因此大多徒勞無功的結果也遭致國際間的批判。

然而，對於這樣的日本統治，台灣與韓國的評價卻是截然不同。相對於中華思想深深浸透的韓國，台灣的人們是從大陸渡海而來的難民祖先，雖然帶來了飲食習慣、祭祀及女孩們的纏足等大陸生活文化，但與韓國的情況相異，並未受制於中華思想。

①日方原文稱為「日本海」。
②作者日文所述的「韓國」有時並非「南韓」，而是整個朝鮮半島，因為南北韓分裂是在二戰結束之後。

台灣與韓國的發展是拜日本統治所賜

我自一九六五年（昭和四十年）日韓邦交正常化的前一年，首次訪韓以來，頻繁往來韓國，直至一九八〇年代為止，要說到韓國的為政者與傑出人物則多是親日者。這是因為他們對日本統治的記憶猶新，當時日本保有實力，而中國卻尚未脫離貧窮。

台灣與韓國的經濟發展是拜日本統治所賜。

韓國也一樣，若未經過日本統治，就只會繼續作為中國的附屬國，或者，若是在俄羅斯的統治下，韓國現在應該仍處於中國東北部或舊蘇聯中亞共和國的水準。

韓國人無視歷史，大肆高喊「反日」，沈醉在自我滿足當中，但有想過自己還在繼續作為中國的附屬國嗎？

韓國總是攻擊日本，沈浸在快感中。韓國為何會怯懦到這種程度呢？這是因為對自己的國家完全沒有可以自豪的東西，因此只能靠著反日來支撐韓國的自尊。

透過韓國的歷史，可以看到除了非常短的期間除外，其他都是持續作為中國的附屬國，不曾獨立過。

現在也是這樣，韓文中的「大國」這個詞，是中國的別名，單指中國一國的意思。就因為一味仰仗著大國的鼻息生存至今，因此無法將自己的國家置於中心，也因為無法對自己的國家懷有自信，因此就變得情緒不穩定。

韓國簡直就像小孩子般哭鬧著，根本管不了。日本至今提心弔膽，想著贏不了愛哭的小孩，而縱容韓國，但為了孩子的教養，我認為還是應該要斥責一番。

我在韓國的好朋友對我說：「日本統治台灣五十年，韓國則是三十五年，如果日本再統治個十五年的話，韓國就會像台灣一樣了吧。日本在戰爭中敗北，真是糟糕。」

即便如此，現在只要去美國的量販店，不管是哪家店，韓國的三星與LG的家電製品，都壓倒日本製品，像是要驅逐日本產品似的。看到韓國企業有凌駕日本的氣勢，我把它當作是日本的勳章而感到高興。

目送在台日本人歸國時台灣人的淚水

日本人從台灣歸國，始於終戰隔年的一九四六年三月。被解除武裝的日本軍隊返回日本，則是從前一年的十二月開始進行。

我曾閱讀過許多從台灣歸國的日本人手記，在歸國的時候，因為被限制一人一千日圓的攜帶金額與每人只能持有一個行李，因此所有人都是孑然一身地踏上祖國的土地。

對於離開台灣的日本人，台灣人的態度有許多讓人感動的小插曲。以下引用自台灣協會發行的《臺灣歸國史：昭和二十年終戰記錄》①（一九八二年）：

「我們數百名歸國者集合在台北車站前時，一名雙眼失明的台灣人，對著我們以如同選舉時、街頭演説般穿透人群的音量，開始對我們致詞。

『我是一名台灣盲人，我很感謝日本政府讓我們這樣的盲人也能接受教育。我想各位在回歸祖國之後，必定會遭遇許多辛苦，但希望各位千萬不要忘記，在台灣還有感謝你們的盲人在。』

在我們腳步沈重，對歸國後的不安而感到內心空虛的當下，卻因這位盲人吐露眞情的言語而深深感動。還有很多台灣人，帶來粽子及親手製作的食物等等，與我們惜別。」

「我與隔壁叫做藩先生的台灣人全家都有交情，歸國時，我將衣櫥、甚至是生活用品，都送給這位藩先生。

即使他們看起來只是很拙劣的模仿，但眞心的對待和爲我們舉行餘韻繞樑的送別餐會，以及因爲惜別之情而含淚送別的情景，跨越了國境，讓我看見沒有人種差異、眞實的人類之愛。」

「我問四季社②（社＝原住民）的人們，爲什麼會知道我（中學的教員）的家呢？他們說是向二中詢問後知道的。

說到四季社，是我最喜歡的蕃社（雖不想使用蕃社這樣的稱呼，但還是勉強使用當時的語詞）之一，我除了曾在越過埤亞南社的途中數度訪問之外，也曾爲了尋訪利有亨社，而由他們帶領越過四季社的後山，並在途中的埤亞南住了一晚，而到達利有亨社的經驗。我因爲戰爭，早已完全忘記，但他們卻連我的姓名與地址，甚至是上班地點都記得。

因爲聽說內地人食物短缺，所以他們便爲我們負擔起糧食。他們從網袋③及痲袋中拿出蕃薯及鹽漬山豬肉等食物放滿房間，說著要我靠這些活下去。我已是淚流滿面。

①《台湾引揚史：昭和二十年終戰記録》，一九八二年，由日本台灣協會以日文發行。
②作者的日文原文為「シキタン」，經查《台湾引揚史：昭和二十年終戰記録》一書，並經原民會釋疑，正確應為「シキクン」，即今之宜蘭縣大同鄉的四季部落，故譯為「四季社」。
③作者的日文原文為「タウカシ」，經查《台湾引揚史：昭和二十年終戰記録》一書，正確應為「タウカン」，中文稱為「塔烏康」，是一種網袋。

我叫屋子裡的太太和三個孩子出來，與他們見面。這是我的家人第一次與高砂族面對面。孩子們剛開始有些害怕，但因爲他們天眞浪漫的舉止，而完全融入跟他們擁抱。

他們幫我洗腳，爲我燒洗澡水。那個晚上，我們一直飲酒、唱山歌、搭肩狂舞到深夜。

這些人看見我充滿精神的臉，知道內地人一切平安，好像又更高興了。說到四季社，以我的腳程到火車站要一天，從那裡到台北搭火車也要好幾個小時，他們能過來眞是太難得了。

在山上聽聞平地的內地人好像很苦惱，於是讓他們坐立難安，所以才特地前來。

隔天早晨，在出發前夕，他們一邊說著『日本是因爲運氣不好而戰敗，再次來到台灣的日子一定會到來……一定會有那一天……我們會一直等著，所以再那天到來前一定要彼此保重喔』，一邊一一握著我與家人的手而哭泣。」

「想要當日本人，不想成為中國人」

在日本統治下的台灣，日本人成了內地人，而台灣人則被稱作本島人。

「數十名日本人聚集在作爲集合場所的郵局庭院，與前來送行的台灣人，一同深切體認了敗戰的殘酷現實。大家一起被載上卡車，要被送往二水的鐵道車站。

『不要回日本！留在台灣吧！』本島人的學生緊抱著哭泣。

從年少時就開始學習木工的人們，如今要與木工師父告別，實在是萬分悲痛。（略）台灣的人們持續對未來抱持著不安，卻也對日本人的不幸懷有同情的出色氣度，在米的配給及食品購買等項目上都沒有設限，讓日本人簡直忘記自己是戰敗之身」。

台灣在進入昭和十九年（編按：一九四四年）後，也遭到了美軍的激烈空襲。

「我們疏散到台南的深山，終戰後數日返回（澎湖群島的八罩島①）望安。就連搭乘小船抵達望安時，敵機也不斷撒下宣傳傳單。

終戰後非常多人聚集到我們家來，唱著軍歌等歌曲安定情緒。

就在那個時候，本島人對我們說著『我們想當日本人！都已經當了超過四十年的日本人，要變什麼中國人？』然後哭了。」

「我在嘉義市近郊的台灣軍教育隊中，接受陸軍甲種幹部候補生的教育。（略）歸國前，與朋友兩人在距離屏東市超過三十公里遠的日出村幫忙房東農作，用僅有的衣物換取米糧，過著惶惶不安的日子。

與房東共同耕作的一位本島人女兒，半夜悄悄的拿蔬菜來給我們，這要是被發現的話會很嚴重吧，但直到歸國前一天，她都這樣做。她是年約二十歲的美人，叫做阿梅仔②。

此後過了三十五年（注：執筆時間爲昭和五十二年③），去年七月有機會訪台，在數名本島人的幫助之下，才能找到那位小姐與她再次見面。我這才知道她正確的名字叫做『謝梅』。看到她經營米粉工廠，與先生及孩子們組成幸福家庭時，我因爲太開心而淚流不止。回到日本後，我們便開始通信。」

我從台灣人在那個時候對日本所寄與的熱烈情感，就能夠理解為什麼台灣國民在二〇一一年（平成二十三年）311大地震發生時，會募集到比任何一個國家還要多、超過兩百億日圓的善款，並捐贈給東北災區。

有一位原本在總督府的高雄州國民動員課上班的教師，敗戰之後因為中國軍的先遣部隊將單位名稱改為職業課，被命令在中國軍本隊登陸高雄時，帶領台灣女學生到場歡迎。

「在列隊等待的我們眼前，（中國軍本隊）出現了，拿著槍的士兵，每五人中就有一人戴著奇怪的帽子或是戴斗笠，也有人沒有帽子，穿著鞋子的人很少，有的光著腳或是只穿一隻鞋子，扁擔上挑著鍋子及棉被，奇異的大集團，一個接一個通過。已經看習慣威風日本軍的女學生們，因爲太過驚訝而忘了揮舞旗子，只是呆呆地看著。我說『快說萬歲啊？』來催促她們，那些女孩便用怨恨的眼神回看我。」

我把自己讀過美國方面紀錄中國軍登陸基隆港的描寫註記下來。

二〇〇一年（平成十三年）十月，在東京千代田區的九段會館大禮堂中，舉行了一場大約坐滿一千兩百人的集會，其中有穿著鮮豔民族服飾、來自台灣的原住民男女一行人。開會前與他們站著聊了一下，知道他們是在參拜靖國神社之後過來的。

① 台灣多稱為「八罩島」。
② 作者日文原文為「アープア」，經查《台湾引揚史：昭和二十年終戰記録》一書，正確應為「アープアー」，依據下文訊息推測是台語稱呼，故採音譯。
③ 作者的原文注解，即西元一九七七年。

會議一開始，主持人就在台上介紹「今天有台灣高砂族的各位遠從國外而來，蒞臨會場」，會場響起如雷的掌聲。

結果，全體二十多名的先住民立刻從位子上站了起來，領導者用日文大聲地說：「不對！我們不是外國人！是日本人！」

今日，台灣的先住民是由高山族的泰雅、阿美及雅美等九族，以及平埔族的凱達格蘭、西拉雅及邵族等十族所組成。

「NHK SPECIAL」讓人看不下去的歷史扭曲

戰後，日本各大媒體及寄生其中的知識分子，都將日本塑造成壞蛋，並商品化，對於日本二戰前的一切，都將其侮辱為黑暗、邪惡的，並沈迷其中。

像這樣的人，對於許多台灣國民為何至今依然對日本抱持善意，應該感到沒有道理吧。

二〇〇九年（平成二十一年）四月五日，星期日早報的電視節目表中，刊載著NHK電視台將從晚間九點開始播放「NHK SPECIAL 日本第一個殖民地．發現台灣．虛幻的皇民化影像」。我平常雖然不太喜歡看電視，但還是收看了。

我很了解NHK的偏頗之事，是因為我曾多次應NHK製作的歷史節目請求，而協助提供資料，但最後卻有了遭到扭曲使用的痛苦經驗。

但因為日本在台灣的統治，在國際間也享有高評價，所以我認為要秉持惡意做出扭曲事實的節目應該很困難，於是伴隨著「NHK終於可以製作出健全的節目了」的想法，而期待著。

但是，這卻是讓我訝異到極點、非常過分的節目。

使用公共頻道，卻是貶抑日本之物，關於日本對台灣的統治，從開始到結束，都嚴重扭曲事實。

日本因甲午戰爭而接受台灣的割讓，但為了部份台灣人的抵抗，花費了半年多的時間平定。其後，雖然有零星的抵抗，但全島在一九〇〇年（明治三十三年）平定。在播放當時戰鬥場所的畫面時，螢幕上剛好出現「日台戰爭（1895）」這樣的字幕，讓我懷疑自己的眼睛。當時的台灣並不是國家，因此「日台戰爭」這樣的說法，是與事實大相逕庭。

如果這樣的說法成立，那麼蔣介石軍隊在日本戰敗後接收台灣，在一九四七年（昭和二十二年）二月二十七日開始，大規模屠殺超過三萬台灣島民的二二八事件，也是台灣人在全島奮起的組織性抵抗，那應該也被稱為「中台戰爭」吧。

後藤新平在擔任台灣總督府的民政長官期間，為提升島民福利做出了很大的貢獻，即使在今日的台灣也廣為人知。儘管如此，這個節目卻只提及後藤新平是處死高達三千名台灣人的元兇。

李登輝總統對後藤新平的讚賞，也同樣沒有提及。李總統將後藤稱為「偉大的精神導師」。後藤在任時的台灣，盜匪橫行，良民苦不堪言。總督府嚴懲盜匪是事實，結果讓治安開始變得良好。如果不去介紹現在還有很多台灣人在仰慕後藤的事實的話，就稱不上公平。

日本對台灣人是怎麼樣的歧視，又是如何虐待，這樣的畫面持續著。國民黨軍隊屠殺台灣島民的二二八事件，也歸咎於日本的統治，或說台灣人是漢民族等，與事實大幅悖逆的解說不斷持續著，真是讓人看不下去。

這個節目以日本對台灣幹盡壞事為觀點貫串全集，而對日本統治的優良面向故意閉眼不談，只要是多少對今日台灣有些了解的日本人，就能立刻明白這是故意曲解事實。

我與CS電視台的「日本文化頻道之櫻」一同在網路上號召，對NHK提出一萬人的集體訴訟，這是日本目前為止最大規模的集體訴訟，募集到一萬三百人就截止，如果就這樣在網路上持續號召的話，應該會超過數萬人。

在這個節目中接受訪問登場的台灣人們，也主張自己的發言遭到扭曲剪接，一致對NHK提出告訴，台灣的排灣族也加入。儘管如此，NHK卻繼續強辯自己是「公正的節目」。

NHK對日本的名譽與日台關係造成嚴重的傷害，NHK作為公共電視台，靠著國民繳交的收視費用維持營運。我對於NHK任意傳送訊號到我家來，感到非常困擾，心想像這樣對國家利益造成巨大損傷的電視台，由國民繼續支持下去是好事嗎？

NHK只要不改善的話，就沒有公共電視的價值，除了教育頻道之外，我認為應該要解散。與終戰後的貧窮時代不同，像今日這樣娛樂過剩的日本，NHK以搞笑節目、歌唱節目，及大河劇徵收高額收視費用，如同排放廢水般的播放並沒有必要。

對日美安保高度評價的人民解放軍高官

我第一次受中國邀請訪問北京，是在一九七九年（昭和五十四年）的華國鋒時代。人民解放軍的李達副參謀總長，在面向天安門廣場的人民大會堂舉行歡迎晚宴。李達將軍在中國是知名的軍人，已年屆八十，是毛澤東大長征的戰友。

當時人民解放軍因為廢除階級制，所以沒有階級章。高級的布料，熨燙得筆挺的軍服，包裹住他肥胖的身體，一副高深莫測的官員風格。

山珍海味陸續送上桌來。李達副參謀總長坐在我的旁邊，每次端上新的菜色，他就會使用長筷夾進我的盤子裡，是根本吃不完的量。我向他詢問大長征時代的歷史。

李達副參謀總長，給予日美安保條約很高的評價。他對於日本自三木內閣以來，國防軍費抑制在GNP的百分之一以內，感到不滿，認為這不切實際，應該要增加到百分之二。

其實在前一年，鄧小平副主席訪日，與福田赳夫首相會談時曾說過，「有人認為支持日美安保及提出自衛隊強化論是很奇怪的，不過這種人才更奇怪」，這無非是給予打著反對安保、非武裝中立旗幟的社會黨及總評① 莫大的衝擊。

中國共產黨在此之前，都還痛罵日本是「帝國主義者」、「軍國主義者」。日本社會黨及共產黨把中國當作模範，擁護這些發言。但是突然間，中國的副主席在東京現身，與自民黨的福田首相擁抱，尊稱日本為「師」，將中國自貶為是「學生」，還希望日本提高軍費，讓這兩黨驚慌失措。

在此之後，我與亡妻一起接受軍方邀請，屢屢訪問中國。在北京交換意見之後，由高級將校陪同，從新疆維吾爾、西藏、滿州②、內蒙古開始，在中國全國旅行。

二度訪中時，中國軍方幹部曾問我，「為什麼老師支持台灣呢？」我回答「台灣的人們，曾有五十年的時間是日本國民。作為一個日本人，去守護過去曾是日本國民的台灣人們，我認為這是義務」。之後便再沒有人提出相同的問題了。

當我被招待前往滿州，在瀋陽（舊稱「奉天」）舉行的歡迎會上，我說「造訪滿州，是我小時候的夢想」，等我的致詞一結束，就有人說「這裡是東北部，請改稱東北」。我才剛回答「這裡是滿族的土地吧？所以我稱這裡是滿州」，就有人反駁說「滿族現在已經是少數民族了」。

擁護台灣人，是日本人的義務。曾為瘴疫（因毒氣引發的熱病）之地的台灣，我們的先人為了將其打造成第二個日本所投注的心血，不該被遺忘。

中國方面，知道我以前曾擔任總部位在華盛頓的「西藏國際支援會」（International Campaign For Tibet）顧問一員。我是日本唯一的參與者，不過顧問團中，有許多國際間的諾貝爾獎得主參加。

我在一九八九年（平成元年）六月，天安門事件發生後，在軍方的陪同下，參觀了天安門

①即「日本工會總評議會」（日本労動組合總評議會）的簡稱。
②指中國東北地區。

廣場及周邊的街道，馬路邊還放置著燒爛的裝甲運兵車及轎車。

中國政府對於天安門事件，發表造成三百多人死亡，但歐美媒體推測有超過三千人遭到殺戮。

一九九六年（平成八年），人民解放軍的遲浩田國防部長訪美，在華盛頓說出「（天安門事件當時）我擔任參謀總長，我敢在此斷言，天安門廣場上沒有一個人死」。

中國的當政者，透過歷史來看都患有謊言癖。孔子在西元前五世紀，就教導若是家族中的一員發生醜聞，一定要對外隱瞞。直到今日，中國還是儒教國家。

我所舉行的會議，總是會有中國大使館的首席駐日武官，及台灣代表處的幹部前來參與。在參加者當中，有不少人覺得中國與台灣坐在一起，非常稀奇。

我與其他人都認為應該要多多製造這樣的機會。

第2章 蔣介石在台灣做了哪些事？

——二戰前的日本統治留下了些什麼

在尼克森與周恩來會談裡被談論的「彭明敏逃亡事件」

兩年前，我入手了《撲火飛蛾：一個美國傳教士親歷的台灣白色恐怖》（Fireproof Moth: A Missionary in Taiwan's White Terror）① 這本書。

「Fireproof Moth」是一種朝熊熊火焰飛撲而去，「也不會被燒焦的飛蛾」②。

作者唐培禮（Milo L. Thornberry）以美國衛理公會傳教士的身份，在一九六五年與太太唐秋詩（Judith Thomas）③ 被派遣到台灣來，在台灣停留到一九七一年。衛理公會是基督教中新教的主要教派之一，在全世界擁有諸多信徒。

在日本，青山學院、關西學院、鎮西學院、弘前學院皆由衛理公會創立。

這本書從二〇〇三年作者在暌違台灣三十二年後回到台北，在中山北路的國賓大飯店房間裡，拿出一九七二年尼克森（Richard Milhous Nixon）總統與國務卿季辛吉（Henry Alfred Kissinger）一起前往北京，首次與周恩來總理對談的機密資料開始閱讀展開。

國賓大飯店是老飯店的代表，為日本觀光客所熟知，我有段時間也常投宿在此。

一九七二年（昭和四十七年）尼克森的訪中，震驚了日本與全世界。此時，正是美蘇冷戰激烈化的期間，中蘇的對立也加深，處於冷戰狀態。美中靠攏一起抵抗蘇聯，是兩國的期望。

作者所閱讀尼克森、季辛吉與周恩來的談話記錄，是美國政府才剛解密的資料。

在這個記錄裡，周恩來強迫尼克森與季辛吉「在此約定，美國不會支持在美國國內及在台灣的台獨運動」。

季辛吉以「美國就算（對台獨運動）聲援（encourage），也無法禁止」來回答周恩來。真是個天生的外交官，以美國就只是聲援來調侃周恩來。

於是周恩來懇請季辛吉「無論如何，希望能防止（discourage）」。

尼克森替周恩來做了個順水推舟：「我們會防止（discourage）的」。

周恩來說「只要美國將美軍駐紮在台灣，就絕不允許台灣有台獨運動發生，能給明確的承諾嗎？」

尼克森回答「只要有美軍在的一天，就這麼做」。

聽了這話，周恩來以「但是，你應該也知道，你們的人幫助了彭明敏逃亡。蔣介石都這麼說，不是嗎？」繼續進逼。

季辛吉以「這與事實完全不合」反駁，並且斷言美國至今沒有援助過台獨運動。

尼克森說「我同意國務卿的說法」。

---

① 由唐培禮（Milo L. Thornberry）牧師所著，原書由Sunbury Press於二〇一一年出版，中文譯本於同年由允晨文化出版。

② 「Fireproof Moth」這個詞是當年美國外交官用來諷刺唐培禮這些人的不自量力，就像飛蛾撲火一般，並非真有這種「不怕火的蛾」，作者用這個詞作為書名，主要是彰顯這群人勇者無懼的精神。

③ 唐培禮的現任妻子為康妮（Connie Meugniot Thornberry），唐秋詩是前妻。

即使如此，周恩來仍不心服，繼續追問：「我得到的報告是，彭明敏從台灣脫逃時，有得到美國的幫忙。」

尼克森總統壓抑不住不耐煩，吐出了「總理閣下，蔣介石（對彭明敏的逃亡）不高興，你們也不高興，而我們也不高興。我們沒有幫忙任何忙」④這句話。

「據我所知，（彭明敏）教授（Professor）是得到美國反蔣介石的左翼團體援助才逃離（台灣）的」季辛吉補充了這句話。

被解密的機密文件引用到此結束。

在這裡出現的彭明敏是台灣獨立運動的領袖，是受到當局嚴密監視的人物。他在一九七〇年巧妙擺脫層層監視，逃離台灣。關於這場逃離，稍後再行介紹。

周恩來與尼克森、季辛吉之間的對話描繪出，中國對於台灣蔣介石的國民黨政權被打倒，形成台灣獨立一事，感到多麼恐懼。

尼克森與季辛吉訪問中國的一九七二年，美蘇間的冷戰達到了最高潮。

尼克森總統為了對抗蘇聯，捨棄了美國一直以來的敵視中國政策，以政治的盤算，決定與中國聯手合作。

此時，中國打從心底恐懼中蘇戰爭的發生，曾經那樣無法原諒美帝國主義並視其為敵人的中國，竟然改變信念，張開雙手歡迎尼克森總統的訪中之行。

為此，尼克森夫婦搭乘的總統專機（Air force One）抵達北京機場時，即使中國因為如火如荼的越戰強烈譴責美國，卻也還是在登機梯下鋪了紅毯，並由周恩來總理親自出來迎接，這是背叛越南人民的行為。

---

④作者的所附原文為「Mr. Prime Minister, Chiang didn't like it. You didn't like it. We didn't like it. We had nothing to do with it.」。

唐培禮牧師的台灣赴任

根據唐培禮牧師所述，一九三〇年代美國對中國的印象是非常美好的。一九三七年（昭和十二年）日本「侵略」了滿州，美國的新聞記錄短片、報紙、雜誌、娛樂電影，把蔣介石領導與殘酷的日本戰鬥之中國人，描寫成高貴的人們。蔣介石與宋美齡夫人被塑造成亞洲的英雄，年少的唐培禮也這麼深信著。

再者，對美國的衛理公會信徒來說，廣大的中國被基督教信徒治理也是個好素材。為何這麼說呢？因為宋美齡夫人與她在上海的大富豪父親查理．宋是衛理公會的信徒，蔣介石本身也在與宋美齡結婚後的一九三〇年（昭和五年）受洗成為衛理公會信徒。

蔣介石率領的中國國民黨，在中國大陸與極惡之人毛澤東所領導的共產軍對抗，因為一時戰敗，在一九四九年（昭和二十四年）從大陸移師到台灣來，窺探著反攻的機會。

在這之前，衛理公會不曾在台灣布教過，傳教士們隨著國民黨軍隊逃到台灣來。

唐培禮牧師，讀了一本由美國兩名男女記者，在一九四六年（昭和二十一年）所著關於中國的著作《中國的驚雷》（Thunder Out of China）①後，對蔣的中國國民黨澈底幻滅。

這本書在蔣介石政權被中國共產黨追戰，於一九四九年敗逃到台灣的前三年出版，揭露了毛澤東的共產黨軍在大陸節節勝利，絕不是因為共產黨擁有正義，而是因為蔣的國民黨腐敗到無藥可醫的真相。

唐培禮牧師對於赴任地點的希望順序是香港、新加坡、菲律賓，但教會任命他到台灣赴任，於是在紐約開始學習北京話，一九六五年（昭和四十年）夏天，他與秋詩夫人抵達台灣後仍繼續學習。

在台北，他們兩人生下長女伊莉莎白。

抵台後的唐培禮，因為美國政府與衛理公會支持蔣介石政權，所以批判中華民國政權是不被允許的。但是，他實際體會到蔣政權苛刻的高壓統治，漸漸地他開始覺得喘不過氣來。

說到台灣的衛理公會信徒，因為在日本統治時代沒有派遣傳教士過來，所以傳教士都是隨著蔣政權逃亡到台灣的大陸人。因此從美國寄來的報紙、雜誌皆因國民黨政權的檢閱，將所有對蔣政權批判的文章都塗黑處理。

① 由席爾多．懷特（Theodore H. White）與安娜麗．賈柯貝（Annalee Jacoby）所合著，於一九八〇年經Perseus Books Group出版，目前沒有統一的中文書名，此處採用《撲火飛蛾：一個美國傳教士親歷的台灣白色恐怖》裡的譯名。

挺身對抗蔣介石黑暗政治的人們

抵達台北隔年的春天，唐培禮牧師被同是美國人的長老教會傳教士問到，你想知道「在台灣的悲慘政治狀況」嗎？

在同意之後，對方跟他說明了關於彭明敏先生的事。

彭明敏先生是台灣人，祖父在日本統治時代成為長老教會信徒，是最初被任命為牧師的台灣人，其父為醫生，但已經過世了。

彭先生在第二次世界大戰後，先赴加拿大麥基爾大學學習，之後在巴黎大學取得國際法的博士，一九五四年（昭和二十九年）回到台灣①。

回台後，受到台灣最有權威的國立台灣大學邀請，被任命為最年輕的政治系主任②。台灣大學是日本時代的台北帝國大學，但今日以台大而為人所知。

彭先生燦爛的經歷持續著，他與亨利．季辛吉博士一同被邀請至哈佛大學的研討會③。之後，他加入聯合國中華民國代表團，被任命暗中調查（spy）在美的台獨運動後，他遠離了國民黨政權。

彭明敏先生在一九六四年（昭和三十九年），和台大研究生與中研院的助手二人④，以「台灣人民自救運動宣言」為題起草，針對台灣國民是否要信任蔣政權一問做呼籲，在散發之時就被逮捕了。

軍事法庭判決彭先生有期徒刑八年，兩名學生也各自被判刑八年與十年。但是彭先生在海外學術界享有高知名度，從國際特赦組織要求即刻釋放起，政府為求保持對外形象，在一年兩個月後單獨釋放了彭明敏。

隔週的星期日，唐培禮夫婦被邀請至彭明敏先生家中。

從唐牧師夫婦家到台灣大學的宿舍，搭計程車大約十分鐘的車程。彭先生雖然被禁止教書，但還是允許住在宿舍裡。

彭先生溫暖迎接唐牧師夫婦，此時，彭先生四十三歲。

兩人從彭先生口中得知，蔣政權在台實行黑暗政治，在酷政下有相當多數的台灣人，因稍微批評政權或是參與反政府活動，而被送進監獄。

彭先生表明，「台灣人對於跟著蔣介石一起過來的大陸人，就如同對馬克思主義般的厭惡。對我們而言，蔣介石跟毛澤東是一樣令人厭惡的。」台灣人期望「一個中國，一個台灣」。

①彭明敏是申請中央研究院的補助前往加拿大麥基爾大學，在取得碩士文憑後才前往法國巴黎取得博士學位。

②彭明敏回台後並不是立刻擔任台大政治系主任，而是先擔任副教授，在三十四歲時升任教授，並於三十八歲時兼任系主任，是戰後台灣大學歷史上最年輕的教授與系主任。

③事實上，是亨利・季辛吉博士邀請彭明敏前往哈佛大學參加研討會，而非兩人一同受邀。

④這裡的台大研究生指的是謝聰敏，但謝聰敏當時並非台大研究生，而是畢業於台大法律系，就讀於政治大學的研究生；而中研院的助手則是研究助理魏廷朝。

對於蔣介石占領台灣並實施高壓統治的中華民國，相對於大陸的共產中國而被稱為「自由中國」（Free China），雖然美國也是如此稱呼，但唐培禮夫婦自此確信了，這裡既沒有「自由」，也不是「中國」的這件事。

彭先生的宿舍前被設置了看守小屋，經常聚集四五個特務人員，監視著彭先生的舉動。但經常到了深夜，他們就偷懶摸魚，直到隔天早上都是放棄工作的狀態。

因此，彭先生經常在深夜前往唐培禮夫婦家拜訪。

在台灣，因為特務人員而突然銷聲匿跡的人，一直不曾間斷，其中也有偽裝成意外而被殺害的人們。

再加上，這個政權為了對其家人與親戚殺雞儆猴，會澈底地加害他們。如果這家族有人在工作，就會去對雇主施壓解雇這個人，想要求職也會受到阻撓，生活因而陷入困境。

唐培禮夫婦，對同是美國人的傳教士與在台美國人訴諸良心，暗地裡募集了一些同志。

不久後，唐培禮牧師與同志們，為了秘密聯絡，開始稱呼彭先生為「Peter」。Peter 是新約聖經裡出現的 Petros 英文讀音，Petros 是磐石之意，是耶穌十二門徒裡的第一人，在耶穌死後前往歐洲，建立了基督教會的基礎。

唐培禮牧師，在美國大使館裡也募得了同志。大使館員的身分，被賦予了可在駐台美軍福利社購物的特權，因此弄到了一台美製的謄寫印刷機，雖然要價兩百美金，但這位大使館員卻好心捐贈。

唐培禮牧師，為了將台灣人的慘狀訴諸於美國國民，印刷了揭發台灣實際狀況的資料，暗中送往美國。

蔣政權雖然把蔣介石當成王朝的皇帝，但其實是把法西斯主義、共產主義及中國傳統暴政合而為一的東西。

為了幫助那些有被蔣政權逮捕或綁架的人而陷入生活困境的家人與親戚，唐培禮牧師在美國國內教會的有志者協助下，募得款項，先送往在香港的美國人同志，再經由香港暗中帶進台灣來。

募款由參與台獨運動的台灣人協助分發。

後來有更多富有正義感的美國人傳教士加入協助行列。

蔣政權經過很長的時間，都沒有察覺到唐培禮牧師夫婦與同志們的活動。

彭明敏先生逃亡海外的計畫進行

不久之後，根據可信賴的台灣人情報，政權有意殺害彭先生以除之而後快。確信此事後的唐培禮牧師與同志們，開始計畫彭先生從台灣逃往國外一事。

就在這樣的時刻，美國的報紙刊登了東柏林市民在身份證上換貼西德協助者的大頭照，而通過東西檢查站，成功脫逃至西柏林的新聞。分為東西兩邊的柏林，東德的共產政府為了獲得外國物資，允許西柏林市民造訪東柏林。

從這個新聞得到靈感，同志們選擇瑞典做為彭先生的逃亡目的地，因為美國跟蔣政權是一夥的，有可能將彭先生強制遣送回台。

日本也跟蔣政權有來往，而且是個不考慮外國人人權的無情國家，完全不在討論範圍內。以前也有好幾個脫逃到日本的台灣政治運動者，都被強制遣送回台，並被關進監獄、被拷問。

瑞典跟中華民國沒有邦交，所以不需擔心此事，而且也已經暗中跟瑞典的國際特赦組織聯絡上了。

進入一九六九年後，彭先生逃亡海外的計畫開始具體化。

在日本也有很多台灣人為了爭取祖國台灣的獨立，躲過東京中華民國大使館的嚴厲監視而活動著。

少數有俠義之心的日本人，援助了台灣人的獨立運動，日本人的音樂人K先生，表達了自己願意幫助彭先生的脫逃。

掌心全汗的逃亡全記錄

脫逃之行，決定在一九七〇年（昭和四十五年）的一月進行。若非在冬天，就無法穿著厚衣隱藏彭先生的斷臂（彭先生在戰時失去左手臂之事，稍後再述）。

幾個月前，K先生的嬉皮風大頭照送抵了牧師處，為了與照片相似，彭先生數個星期前開始足不出戶，留長髮蓄長鬍。

K先生使用觀光簽證，抵達台北。

唐培禮牧師與同志在取得他的護照後，用剃刀把K先生的大頭照輕輕刮起，再貼上切得很薄的彭先生照片。要把照片切得很薄相當困難，因此經過反覆練習。

而且還在照片上，使用先前已入手的機器，蓋上日本外務省的鋼印。

牧師的同志們，用K先生之名，買了一月三日前往香港的日本航空機票，資金由長老教會的美國人傳教士同志，挪用了一部分寄來修繕教會建築物的預算。

彭先生在上衣的左手臂裡塞一些東西，假裝滯留期間在餐廳被燙傷，還得用三角巾綁在脖子上，吊住假手臂。

這樣告訴彭先生後，他說著「如果出關時被問到，我會用生氣的表情以『我準備告那家餐廳』來回答」，然後爽朗地笑了。

兩位美國人傳教士，到台北的中正機場，目送彭先生搭乘三日晚間十點前往香港的日本航空班機出發。中正，是蔣介石的雅號①。

在讀到唐培禮牧師回憶錄裡的這一段時，滿溢著掌心全是手汗的緊張感。

彭先生的脖子掛著白色大三角巾，吊著偽裝的左臂，背著事前買好的吉他，順利通過海關。兩名傳教士在機場裡，確認了彭先生踏上日本航空的登機梯，身影消失在機內。

唐培禮夫婦與同志在一個距離機場十五分鐘的美國傳教士公寓裡等著，送機的兩人比預定時間還要延遲許多，終於帶著彭先生順利出發的消息回來了。

大家用為此刻準備好的紅酒舉杯慶祝。

從夫婦回到家後，到隔天早上唐培禮牧師出門，香港的傳教士打來一通電話。看家的秋詩夫人接起電話，收到了「生了一對雙胞胎」（Birth of Twins）的通知。

若彭先生平安抵達，約定好了以「生了一對雙胞胎」的暗號來進行通知。

彭先生從香港前往瑞典的斯德哥爾摩，一如預定，在斯德哥爾摩機場接受國際特赦組織的迎接，並對彭先生抵達斯德哥爾摩之事暫時保密。

K 先生在彭先生成功逃離台灣後，向在台北的日本大使館申報護照遺失，取得護照補發離開了台灣。因為台灣是恐怖政治之地，所以這是件勇敢的行動。

瑞典政府立即接受了作為政治逃亡者的彭明敏先生。唐培禮牧師在彭先生脫逃二十天後，

---

① 此處有誤，但依日文原文翻譯。「中正」是蔣介石的名字，不是雅號，「介石」是他的字。

收到了人在斯德哥爾摩的彭先生，經由平常幫忙的香港傳教士送來了一封信。

然而，蔣政權在這個時間點上，仍完全沒有發現彭先生已經到了國外的事。

這天，台灣的新聞記者在記者會現場，提問了「有聽說彭先生人在美國的傳聞，是否屬實？」的問題，國民黨政府的發言人正面否定，還回答了「他一定在台灣」。

即使如此，蔣政權不久後也不得不承認彭明敏先生人在瑞典的事實。

蔣政權真是顏面掃地，被迫發布了承認彭先生脫逃到國外的事實，而且如同以往受到政權操弄的報導，表示彭先生逃往國外，是因為CIA的介入，而使用了美國軍機，除此之外，他們無法想像還有其他可以逃出台灣的方法。

雖是後來才知道的事，監視彭先生的特務人員，在向上級報告彭先生人在台灣國內旅行三星期後，還申報了跟蹤他的花費。

在這段期間內，以彭先生住宿各地一流的旅館，在高級中華料理店用餐，常去的電影院，申報了相同的旅館、餐廳及電影院的實際費用，中飽私囊。

因此政權堅信彭先生人在台灣，多數的特務人員被究責，不是入獄就是被撤換。

日本駐斯德哥爾摩大使館的丟臉行動

一九七一年，唐培禮牧師夫婦被以進行「對中華民國不友善行動（unfriendly act）」的名目，受到了強制離境的處罰，而美國大使館也沒反對。

雖然唐培禮牧師夫妻散布對政權的批判文書，與援助政治犯家族之事被發覺了，但唐培禮牧師作為彭明敏逃到國外的中心人物這件事，直到二〇一一年（平成二十三年）牧師出版回憶錄前，都沒有公諸於世。

同時，彭明敏在逃亡中的一九七二年（昭和四十七年），寫下名為《自由的滋味：彭明敏回憶錄》（A Taste of Freedom: Memoirs of A Formosan Independence Leader）①一書，由紐約的出版社出版。

彭先生在回憶錄裡，對搭乘日本航空飛機成功逃離台灣的瞬間，是這麼敘述的：

「從機窗向外窺視的時候，島（註：台灣）上的燈光變得越來越遠，然後消失。已經來到公海，一想到已經來到了國民黨政權特務伸手所不及之處，在我此生中，嚐到了前所未有的自

① 原書由Holt, Rinehart and Winston出版社於一九七二年出版，中文版曾多次出版不同版本，首次於一九九五年四月由前衛出版社出版，同年七月桂冠出版社也推出另一版本，編者為李敖，一九九一年，李敖出版社也曾出版，二〇〇九年玉山社出版增訂版。

由快感。」②

彭先生在這本回憶錄被發行時，意圖地將台灣稱做「福爾摩沙」。因為，蔣政權與中國都將台灣稱之台灣。

彭先生抵達瑞典後，受到了國際特赦組織的溫暖迎接，瑞典政府也發了替代護照的海外通用身份證明書給他。接著，還聘請對民族學完全陌生的彭先生，擔任斯德哥爾摩民族學博物館的上級研究員。

中國政府就像與蔣政權串通好一樣，也對彭先生逃離台灣以「擔任分裂中國工作的背叛者與美國的手下」強烈指責。

彭先生歷經英國與法國的學術機關邀請後，接受美國密西根大學的招聘，離開了瑞典。

我從曾任職於瑞典外交部的高官友人處得知，當時日本駐瑞典的大使三宅喜二郎成為瑞典政府笑柄一事。三宅大使訪問了瑞典的出入境管理局，對於彭先生的滯留，提出了這將不會對瑞典帶來好處的警告。接著，又派遣書記官到管理局，通告不會接受彭先生入境日本。

彭先生要去哪裡跟瑞典政府一點關係也沒有，瑞典政府也無法禁止他前往日本。更重要的是，彭先生完全沒想要入境日本，日本如果想要拒絕彭先生入境，作為主權國家只要這麼做就好了，但管理局的幹部卻提出了充滿諷刺意味的忠告。

而且日本大使館的一等書記官，還要求拜會民族學博物館的亞洲部長，詢問關於彭先生的日常行動，以及未來企圖。無法記取教訓的一等書記官，不厭其煩地前往博物館，執著地要求這些情報。當時的日本是由「親台派」的佐藤榮作內閣掌權，想必是受了蔣政權的要求，而接受了來自東京的命令吧。

美國因為韓戰③爆發，為了保護台灣不落入中國之手，得活用蔣政權，所以對於在台發生的人權侵害事件，都視若無睹。

華盛頓在尼克森訪中後，因為仍不信任共產中國，所以繼續把蔣政權當作亞洲戰略的一顆棋子來使用。

②根據財團法人彭明敏文教基金會於鯨魚網站上釋出的二〇〇四年版文章，原中文版一段如下：「海島的最後一絲微光，在後面漸漸地消失了。我差不多已經到達了公海，擺脫了國民黨特務的掌握。在我一生中，從未感受到這樣『真正』自由的感覺。」

③日方原文稱為「朝鮮戰爭」。

身居日本在戰時失去半邊手臂的彭明敏

我跟彭明敏先生也很熟，他的人格很好，願意傾聽任何意見，心胸寬闊，卻有著毫不動搖的信念做為其堅持的核心。

我想起了二十世紀的德國代表作家湯瑪斯．曼，他在一九三三年（昭和八年）從出現納粹政權的祖國德國逃亡後，寫下「許多知識分子太過於寬容，該說不的時候不清楚說不，因而導致了納粹的猖獗。」彭先生在台灣內外，被尊稱為「台灣獨立運動之父」。

彭先生在日本本土留學，從京都的舊制三高① 畢業後，考進東京帝國大學，在學時，從空襲下的東京前往長野縣避難一段時間。

之後，從長野縣遷移到醫師兄長所開業的長崎縣，但是，在搭船前往距離長崎三十公里遠的為石村（現在的長崎縣為石町）途中，受到美軍艦載機② 的機關槍掃射而失去了左手臂。

在哥哥家中療養時，讀到廣島被投下「新型炸彈」的新聞隔天，這次在屋內體驗到了被投下原子彈的強烈閃光。

從台灣成功脫逃後，受到國民黨政權的通緝，但在一九九二年（平成四年）由李登輝政權執政後被解除。經過了二十二年的脫逃，終於結束了長遠的顛沛流離，而可以回到台灣。

一九九六年（平成八年）台灣舉行首次總統民選，彭先生是在野黨民進黨的總統候選人，挑戰（國民黨）在任總統李登輝先生，但是敗選。

二〇〇〇年（平成十二年），彭先生擔任陳水扁總統的資政（上級顧問）。

我在總統府的辦公室裡造訪了彭先生，也與他一起出席了在台灣、日本及海外所舉行的國際會議。最後一次見到他，是在二〇〇五年（平成十七年）時，於南太平洋的常夏之國斐濟共和國，我受邀在太平洋島嶼諸國所舉辦的「太平洋圈內的民主主義」會議上擔任特邀演講者。

《撲火飛蛾》（Fireproof Moth）這個書名，是作者唐培禮牧師及其家族，因為援助台灣獨立運動，在一九七一年（昭和四十六年）三月，被蔣政權驅逐出境時，源於美國國務院的報告書。

在報告書裡，記載著「美國源源不絕的無謀研究生與傳教士，就像「撲火飛蛾」一樣，援助台灣的地下獨立運動，相信台灣應該要獨立」。

這份國務院的資料也在之後被解密公開於世。

①「旧制第三高等学校」（舊制第三高等學校）的簡稱。

②「艦載機」（carrier-based aircraft），泛指搭載於船艦上的飛行器，可包括一般飛機、戰鬥機、反潛機、預警機及直昇機等種類。

蔣介石政權深不見底的腐敗樣貌

我從高中開始讀了喬治・歐威爾的《一九八四》與《動物農莊》、安德烈・紀德的《蘇維埃紀行》①，及亞瑟・柯斯勒的《正午的黑暗》等書籍，而知道共產主義是無比的殘酷，這些著作至今仍是關於極權主義的必讀書籍。

我在一九五〇年代的後半前往美國留學，這時讀了在大戰中滯留於蔣介石政權臨時首都重慶的兩位美國男女新聞特派員白修德（Theodore H. White）與安娜麗・賈柯貝（Annalee Jacoby）②所合著的《中國的驚雷》，這本書剛好就是先前所提到，唐培禮牧師開始知到蔣介石政權腐敗的書。

關於蔣介石政權的侵占與賄賂，白修德與安娜麗抨擊為「腐敗到骨子裡了」、「美國明明知道蔣介石與民主主義毫無關聯，蔣政權是腐敗的，卻還是支持」。

我也在留學期間閱讀了美國國務院在一九四八年八月發表的《中美關係白皮書》（The China White Paper）③，是超過五百頁的長篇文章，由杜魯門總統將白皮書送至國會。

杜魯門總統在白皮書的開頭，詳細說明了中國國民黨政權為何會敗給共產軍，並解釋「絕對不是因為美國的援助不夠充分」。

「到一九四八年（昭和二十三年）為止，國民黨軍沒有一次是因為武器或彈藥不足而敗戰，國民黨從戰爭初期就沒有戰鬥意志，領導階層欠缺面對危機的能力，官兵也缺乏戰意。」

如此這般，美國對於對中政策的失敗結果做出了如上的辯白。

白皮書裡指責蔣介石政權「從上到下都被腐敗（corruption）所侵蝕，而且無能（inefficient）」，「貪欲（greed）與無能（incompetence）的惡名昭彰」。

這兩本書也啟蒙了我對中國人的民族性想法，所以之後回美國時，便到舊書店尋求作為收藏。

今日的中國，根本完全沒有改變，中國人的鑄模經過三千年的中國歷史打造而成。

我從這時候才開始從《紐約時報》與《泰晤士報》等海外報導，知道了關於毛澤東政權的恐怖，並對共產中國感到懼怕。

為什麼無法從日本的新聞知道這些事情呢？

一九六四年，日本的大報社與電視台跟中國簽訂了《日中記者交換協定》，約定了以下這些事：

---

①「蘇維埃」在日文裡至少有六種以上的片假名拼音寫法，這裡作者原文為「ソビエト紀行」，但經查並無此書，只有「ソヴィエト紀行」，所以應該是作者拼音方式不同的筆誤。另外，安德烈·紀德本身並沒有《蘇維埃紀行》這本書，而是日本自行出版的散文評論集。

②「白修德」是前文注釋提及席爾多·懷特的中文名字，安娜麗·賈柯貝似乎也有個中文名字叫做「賈安娜」。

③日方原文稱為「中国白書」。

一、日本政府，不能敵視中國。

二、追隨美國，不玩弄、製造『兩個中國』的陰謀。

三、不阻礙中日兩國關係朝正常化方向發展。不對中國政府（中國共產黨）進行不利的言行。

日本的報紙與各電視台竟然可悲到自己走向否定報導自由，進行偏頗報導，背叛國民的託付，如此歪曲日本國民中國觀的重大責任，這些大型媒體也該負責。

為所欲為虐待台灣人的蔣介石政權

台灣人對大陸來的中國人，懷有深刻的怨恨一事，我是在一九五九年（昭和三十四年）才直接知道。

我因採訪之故，經常拜訪位於麻布的中華民國大使館，這裡在成為中華民國大使館前，是滿州國大使館，而在更早之前則是後藤新平的家屋，在日中邦交正常化後才變成中國大使館。

當時接待我的是中華民國大使館裡負責公共關係的書記官S先生。

S先生是台灣人，但日文很流利。有一次，我聽到S先生在怨嘆從大陸逃出並占領台灣的國民黨政權，是如何地欺負台灣人，那是我第一次切身知道關於台灣人的悲哀。

蔣介石政權下的台灣，在美國媒體的報導中，與第二次世界大戰時一樣，被稱為「自由中國」。

但是這個「自由中國」卻為所欲為地摧殘著台灣人。

我從一九六〇年代開始，因為受到出版社的委託而開始經常拜訪台灣。

因為大陸的動向關係著中華民國政府的存亡，所以台灣曾是大陸情報的寶庫。

在蔣介石的政權下，入境台灣時，有刊登批判政權的英、日文報紙、雜誌都會在海關被沒收。

台北是中華民國的臨時首都，在國民黨的政權下，街道改以中國大陸主要的都市名稱來命名，變成了南京東路、重慶南路、長春東路①、西寧北路、濟南路、杭州路②及錦州街；另外還有中山（孫文之號③）北路、光復南路、忠孝東路、建國北路及復興南路。

「光復」是從日本手上收復台灣，重回光明之意，所以日本統治時代是被關進黑暗裡。

我讀了美國的文獻資料，知道蔣介石政權逃亡到重慶後，也是將重慶的街道名稱以同樣的方法改名，所以我想這是慣用招式④。

台北規劃整齊，是個近代都市，在日本接受清朝割讓台灣之前，舊街道彎曲狹窄，屎尿、垃圾都丟在房子外面，但在日本的統治下，被改造成在日本都算少見的近代都市。

無論去到台灣的什麼地方都寫著大大的「反攻大陸」、「毋忘在莒」這種政權口號，蔣政權宣稱，在台灣只是一時的「退守」，一定會奪回大陸。

毋，是日本沒有的漢字，是「不會」之意。中國古代戰國七雄（西元前一〇五〇年左右～兩百七十六年）裡的齊國（在今天的山東省）之王被燕國殺害，太子逃到位於邊境的莒城固守，謹記「毋忘在莒」於心，忍辱負重，最後在西元前兩百七十九年收復國土，「毋忘在莒」的源由為此故事⑤。

國民黨政權所謂的「孤守台灣」，是聲稱自己雖然孤立於台灣，卻仍支配全中國領土的政權，所以若不大聲疾呼「反攻大陸」，就會失去由少數外省人統治台灣的正當性。

蔣介石總統的銅像樹立在各處，台灣全島的蔣總統銅像應有數萬尊才是，這對台灣人來說是件悲傷的事情，所以不應該發笑。但是對外國來的訪客而言，只能說是滑稽，因為個人崇拜是集權主義體制的病徵。

我與台灣友人搭乘計程車經過敦化北路與敦化南路的圓環時，司機告訴我們，那裡有一座蔣總統的騎馬銅像，但那是切掉日本統治時代第四任台灣總督兒玉源太郎將軍像頭部，再接上蔣總統的頭。我們請他停車，下車仔細查看後，蔣總統果然穿著日本陸軍將官的軍服。

①這裡維持日文原文的「長春東路」，但只有中國大陸才有「長春東路」，所以應該為「長安東路」之誤。

②這裡維持日文原文的「杭州路」，但台北並沒有「杭州路」，作者想表達的應該是「杭州北路」與「杭州南路」，「杭州路」位於桃園縣中壢市。

③「中山」並非孫文之號，「逸仙」才是，「中山」之名源於孫文流亡日本時的化名「中山樵」，因為後來廣為人知，才被轉化為慣稱的「孫中山」。

④中國最早以省名和城市名來為街道命名的城市是上海，是一八六二年時，因為成為融合英美租界的公共租界，所以這些來自不同殖民國的外國人為了方便辨認與記憶，並整合各界歧見，最後由各國代表協議寫下了「上海馬路命名備忘錄」，決定統一用中國省名和城市名來為街道命名。而台灣在第二次世界大戰結束的一九四五年，國民政府為了將街道「去日本化」，於是頒布了「台灣省各縣市街道名稱改正辦法」，並授命建築師鄭定邦來為台北街道命名，最後他決定採用與上海類似的方式來命名，因此，這兩者其實應該都與蔣中正無關。

⑤「毋忘在莒」有兩個典故，分別發生在春秋與戰國時期的齊國。一是春秋時期齊國內亂，齊大夫連稱與管至父弒君，而立襄公堂弟公孫無知，齊大夫鮑叔牙遂攜公子小白（之後的齊桓公）逃亡至莒國，後來成功奪回政權，成為春秋五霸之一，後來有一回，鮑叔向桓公敬酒，勸桓公「勿忘出奔在於莒也。」二是戰國時期田氏代齊，於西元前二八四年遭燕國連攻七十二城，僅剩即墨與莒二城，最後在田單的領導下，以莒城為反攻基地，經過五年終於成功收復失地。這裡作者應該是要引用戰國時期田單復國的典故，但可能與春秋時期的典故混淆而合為一個。

無論進到什麼店家，都有可笑之事，中華料理店的菜單上，找不到「北京烤鴨」，一定是寫「北平烤鴨」。台北是中華民國的臨時首都，南京到現在還是中華民國的首都。毛政權建都於北平，恢復了清朝時代的北京之名，但對蔣政權來說，北京一定要是北平才行。

但是，蔣政權應該不會再度成為大陸的主人公。

禁說台語、禁唱流行歌的國民黨

我多年的美國親近友人艾伯特·阿克塞爾（Albert Axell），在一九六〇年代擔任美國主要新聞的台北分局長。為了採訪，阿克塞爾被允許登上巡防台灣海峽的第七艦隊之驅逐艦。

國民黨海軍的將官也受邀，站在艦橋上，船艦在福建省沿岸沿著肉眼可視的領海邊緣航行。

在剛好經過廈門的海濱時，這位將官向艦長以「港內有我們破損的油船，無論如何都想要看一下，希望能盡可能接近港口」為由提出要求。

艦長拒絕了，阿克塞爾鬆了一口氣，這位將官恐怕在期待美中交戰吧！

阿克塞爾在一九六四年獨家專訪了蔣介石的夫人——宋美齡，宋夫人於美國一流的女子大學求學，在美國以「Soong May-ling」而為人所知，她嫣然燦笑地對阿克塞爾說「美國也應該在毛澤東的大陸投下幾顆原子彈才是」，讓他驚訝到說不出話來。與阿克塞爾確認後，這個發言並不是無紀錄的非公開發言。

我雖然知道台灣人被虐待的事情，但因為蘇聯跟中國是日本的主要敵人，對日本來說，我相信跟國民黨政權聯手是必要的。中國跟蘇聯是一夥的，台灣絕不能陷入敵人之手。

我雖同情台灣的人們，但我選擇了支持中華民國的立場，因為考慮到台獨運動如果造成台灣內部混亂的話，台灣將會變得危險，因此對於援助台獨運動一事感到遲疑。我相信擁護國民黨政權下的台灣，就是保護台灣島民。

國民黨政權來到台灣，為了一掃日本色彩，從日語開始，只要跟日本有關的東西，盡數排除。強制規定北京話為官方語言，並排斥台語，從學校教育的場合開始，禁止在公開場合使用台語。

我在二〇〇七年（平成十九年）受邀參加日台的教育者研討會而造訪了台灣。

在會議上遇見的台灣人中學老師，在酒會的位置上回想起他的少年時代。

「我是在一九五二年就讀國民小學，『國語』是中國（北京）話，第一本教科書上寫著『我是中國人，你是中國人，他是中國人』①。」

接著，他確認了一下身旁沒有外省人。

「但是我們小孩子用台語唸，就會變成『餓死中國人，捏死中國人，踏死中國人』②的發音，這樣子大家就會笑。」他笑著說。

另外，在我開始造訪台灣的時候，因為蔣政權想與日本締結良好關係，所以對我們非常禮遇。

在台灣人裡，被稱為「日據世代」的日語世代人們，在當時仍是青壯年，在街上知道我是日本人後，馬上就會很懷念地用日語跟我交談。

那時，我在台北搭乘計程車的司機，用日語跟攀談，他說：

「最近早上，我載了兩個日本客人，從旅館出發到車程約一個半小時的高爾夫球場，不過，開了四十分鐘左右，聽他們講話，內容都是講天皇陛下的壞話。

我馬上把車停下來，對他們說『你們侮辱了天皇陛下，在這裡下車！』在鄉間小路上，我把他們和高爾夫球袋一起趕下車，也沒有收他們的錢。」

在日本，這樣的日本人已經不存在了。

因為國民黨的政權，〈雨夜花〉、〈望春風〉及〈補破網〉這些台灣人至今全都知道的歌曲，在那個時候，是被禁唱的。

〈補破網〉是唱出捕魚人漁網被弄破的辛酸，再怎麼努力，生活也沒有絲毫變得輕鬆，是充滿哀傷的歌詞，我可以理解這首歌可能牽連批評國民黨政權而被禁止的理由。

但是比起這個理由，他們更害怕的是，台灣人如果唱了無論是誰都知道的流行歌曲，台灣人的心就會團結在一塊。當然，台灣人還是在暗地裡繼續傳唱著，這些禁歌在李登輝政權登場後，終於被解禁了。

①這裡為中文，作者原附的日文說明與中文相同，所以在此省略。
②這裡為中文，作者原附的日文說明與中文相同，所以在此省略。

不斷從大陸來台的國民黨士兵

我從眾多的美國文獻裡，學習到了一九四五年（昭和二十年）八月，日本敗戰投降於同盟國後，在台灣到底發生了什麼事。

台灣在日本於八月十五日投降後，到中國軍隊從大陸進駐前的這段期間，依舊在法律秩序的守護下，人人持續過著平穩的生活。

九月一日，在沒有任何預告的狀況下，兩名中國軍的陸軍軍官與三名美國士兵，乘坐著日本海軍的驅潛艇，從大陸的福建省廈門出發抵達基隆港。

日本軍官前去迎接後，這五個人表明他們是被先遣來調查同盟國俘虜的實情，中國軍的軍官還帶來了幾個廚師跟傭人。

掛著國民黨政府軍上校肩章的中國人軍官，說他姓張，要求二十萬美金當作五人的「滯台費用」。雖然收下了二十萬美金，但之後在台期間都沒發現他們使用這筆費用的痕跡。

這五個人根本也沒有調查同盟國俘虜的事情，兩名中國軍官帶著美國人下校及士兵，到處詢問因為協助日本而發財的台灣人企業家及公司名稱，美國兵就只是站在旁邊而已。

後來，才知道中國人軍官是所屬於國民黨政權的調查統計局之下，在美國的文獻裡有說明，調查統計局雖名如此，但其實是「蔣介石的秘密警察」，而蓋世太保就是納粹時期惡名昭彰的秘密警察。

四天後的九月五日，美國的海軍輸送船抵達基隆港，美軍的調查隊登陸台灣。

這次是貨真價實的調查，在兩天內釋放了收容所裡的一千三百名同盟國俘虜，並搭上輸送船帶回。

九月九日，美國戰略情報局（OSS）的要員一行人從昆明搭著美軍輸送機降落在台北的松山機場，目的只有一個，調查關於在台的共產主義者，一行人聽取了台灣總督府特別高等警察部的報告。

之後美國陸軍航空隊的墓地調查隊也隨即來到台北，他們的目的是要調查在台灣上空被擊落的美軍搭乘員，埋葬墓地位於何處。

無論哪一個調查隊，都無權受領日本軍的投降，因為根據同盟國的協議，規定在台的日本陸海軍，需對蔣介石政權進行投降，並接受武裝解除。

日本投降後，經過六週來到九月三十日，國民黨先遣部隊首次為了準備接收台灣而搭機抵達台北。

十月五日，葛敬恩將軍抵達台北。

葛敬恩在台灣人面前，侃侃而談地說著「台灣光復了（重回光明）」，「現在是中華民國台灣省」，「台灣島民被日本占領五十年，無法沐浴到偉大中華文明的恩惠，因此衰落頹廢染上了野蠻的習俗」。在場者無一不是實際感受到日本統治結束的事實。

同日，一萬兩千名國民黨官兵分別搭乘美國的輸送船抵達基隆港。

下了船的國民黨士兵，軍服破爛、不整潔、缺乏規律又不識字，不知為何感到恐懼（fearful），而且背著傘跟鍋子的士兵非常多。

因為指揮官害怕被日軍埋伏，所以搭乘輸送船的美軍若不先行，他們就拒絕前進。

先前敘述過的彭明敏先生，在日本戰敗後，回到台灣，寄身於他父親所在的高雄，父親是婦產科的開業醫生，是高雄的名人。敗戰後的十月，他還在國民黨軍進駐之時，擔任了歡迎委員會的會長。

在彭先生的回憶錄裡寫到，「美國的輸送船在高雄港靠岸時」父親的體驗：

「走下船梯，勝利者的中國軍登陸了。最前面的士兵看來很貧弱，肩上扛著擔子，吊著傘、棉被、鍋子，看起來不像軍隊，倒是很像苦力。接連而來的都是這樣的士兵，有的穿著鞋，有的赤腳。幾個人裡只有一個人帶槍。」

「完全是無秩序狀態，站在兩側迎接的日本軍士兵照規矩列隊著，行禮優雅。父親想像著日本軍的官兵們會怎麼想，心裡感到非常羞恥，回到家後，用日文跟我說，『如果有洞的話，真想鑽進去！』他感嘆著。」

十月二十五日，陳儀將軍帶著煙花女子出身的日本人妻子搭機來到台北，蔣介石總統任命陳儀為台灣省行政長官。

陳儀被動員的台北市民及小學生夾道歡迎，車隊綿延進行了遊行。小學生們揮著分發而來的青天白日小旗子，用日語宏亮地喊著「萬歲」。

陳儀在這天受領了日本陸海軍的投降，宣告台灣被中華民國收回。

對於這個宣言，以美英為首的同盟國，對台灣的法理地位提出異論，雖然在《開羅宣言》裡提到，將來台灣應歸還給中華民國，但是在《舊金山和平條約》①確定之前，只是先放在中華民國的施政之下而已。

①日方原文稱為「対日平和条約」。

暴露出中國人本性的丟臉行為

國民黨軍顯露了中國人的本性，進到民家或商店，看到什麼搶什麼。進駐台灣的中國兵，因為台灣人與先住民通婚，已經不像中國人的容貌，所以對台灣人更加輕蔑。

很快地，台灣人在各地的牆壁上，貼了手寫的「狗去豬來」紙張，意思是「狗走了，豬來了，狗為我們守護了安全」①。自此，台灣人開始稱中國人為「豬」。

國民黨軍進駐的台灣，當時在亞洲裡，除了日本以外，島民是享有最高的生活及教育水準。登陸台灣的中國兵，很多都是第一次看到自來水、腳踏車及電梯。

陳儀是蔣介石多年來的心腹，與蔣同是浙江省出身，國民黨軍在一九二〇年代攻打上海時，陳儀去懷柔了上海的黑道，成功達成無血的占領，因功而成為福建省主席。

陳跟蔣介石一樣都在日本的陸軍士官學校念過書、熟悉日本，對台灣也非首次接觸。日本的台灣總督府在一九五三年（昭和十年），盛大慶祝統治台灣四十週年時，就邀請了身為福建省主席的陳儀。

日本軍在一九四二年（昭和十七年）攻占福建省時，陳儀成功與日本軍事先達成共識，放行讓他用卡車運走家族親戚在他任期內所得來的財產。

陳在台灣行政機關的要職裡，完全沒有起用台灣人，只採納大陸人、拔擢自己的親戚和親信。日本軍解除武裝後，所接收的兵器、衣服、藥品、糧食等等，都運到大陸去賣掉，中飽私囊。

接收了日本官方與民間經營的事業、土地、建築物及住宅後，都分配給他的親戚和親信。

中國的為政者都具備了超越時代的偷竊習慣，為政者不會去區別公私之分，而是將天下當作自己的私物。

日本的資產，從工廠的機器開始，把能運送的東西全都運往大陸，在那邊賣掉，讓親戚和親信大賺一筆，並沒收被視為協助日本統治的台灣人財產。

一九四六年（昭和二十一年），陳行政長官為了討伐大陸的共產黨匪賊，發布台灣青年的徵兵令，但因為台灣人全體強烈反抗，而不得不撤回。

台灣人主張，根據《開羅宣言》，日本只是放棄台灣的領土所有權，在締結《舊金山和平條約》前，台灣的法理地位未定，因此行政機關無法對台灣人徵兵。

國民黨掠奪了所有的東西，完全破壞台灣的經濟，所以開始出現天文學數字般的通貨膨脹，以稻米為首的農產品收穫量減少，工業生產也幾乎付之闕如。

日本統治下的高水準醫療與衛生保健出現崩壞，因此鼠疫、霍亂及瘧疾蔓延，總督府儲備

①這是戰後初期台灣很流行的一句俗話，意思是日本人（狗）的統治剛結束，國民政府（豬）又來，狗很兇很會叫，但牠會看門，豬卻只會吃。由此可知台灣人在國民政府成為台灣統治者後，內心有多失望與不滿。

的奎寧也都被運往大陸賣掉了，想應對也沒辦法。

對行政機關稍加批評者就被逮捕，很多人就此失蹤。

明明在日本統治下的官僚是清廉的，也沒有發生賄賂跟貪汙，沒想到賄賂與貪汙現在卻變成了家常便飯；因為日本時代的治安良好，台灣人家裡明明從不上鎖，沒想到現在卻變成了門戶深鎖的狀況。

中國大陸在這段期間內，國民黨軍隊對於共產軍是處於節節敗退的狀況。

美國對蔣介石政權的看法也隨著情勢而改變，美國不論是提供蔣政權巨額的財務援助或是大量的武器，還是派遣軍事顧問團前往，國民黨軍隊都無法阻止共產軍的進攻，蔣政權的澈底腐敗讓華盛頓完全失去了原有的好意與信賴。

從美國新聞特派員的報導中，傳達了陳儀的行政機關在台灣超過限度的掠奪。

「二二八事件」的開始與結束

一九四七年（昭和二十二年）二月二十七日，在台北圓山公園的榕樹下，生活窮困的中年寡婦帶著兩個小孩在賣菸，大陸人的緝查員和警察取締了私菸，並從婦人身上搶走所剩不多的金錢。

香菸在大陸並非專賣，但陳儀為了中飽私囊，在台實施香菸專賣制，為此，陳儀的親信從大陸走私香菸到台灣來。台灣應當同屬中華民國才是，在中華民國能販賣的香菸，到了陳的王國卻成了違法。

突然間，緝查員用槍托打了求饒哀嘆的寡婦，對其施暴。台灣人們遠遠地圍觀，屏息地看著，直到看不下去發出抗議時，一名市民突然遭到開槍射殺。

隔天，更多的台北市民聚集在行政長官公署前的廣場，進行抗議，衛兵對群眾毫不留情地開槍掃射，除了兩名市民死亡以外，還有大量民眾受傷。

民眾占領台灣廣播電台，從錄音間透過麥克風告訴大眾發生屠殺事件，呼籲大家群起抗議。

兩天內傳遍全島，台灣人有所覺悟地站出來。

陳長官在二月二十八日的夜晚，宣布發布全島戒嚴令，巡迴台北的國民黨軍士兵對市民從車上展開了無差別的槍擊。

因為大陸的戰況惡化，當初送到台灣來的四萬八千名國民黨軍，大部分又轉用於大陸，所以只剩下一萬一千名。

三月一日，由島民組成的台灣暫定國民協議會代表，與陳面會要求解除戒嚴令，在這段期間內，島內的屠殺仍持續進行中。

隔日，陳長官為了平靜事態，答應會支付慰問金給犧牲的賣菸寡婦，並同意與島民代表設立二二八事件處理委員會。

但是，當陳儀在廣播時，在台北鐵路局前的士兵，對民眾進行機關槍掃射，一百二十名以上的市民遭到殺害。

三月七日，島民代表要求廢止軍政，讓台灣成為自治省，實施自由選舉。要求裡也包含選舉前行政機關要起用台灣人、釋放政治犯，並公正徵收稅務等事項。

陳儀拒絕了這些要求，但為了爭取時間而讓協議繼續進行。為此，他暗中向遷都至南京的蔣介石總統要求增派援軍。

在這個時間點，島內多數的城鎮鄉村都在島民的控制下，台北市內各地都出現「大中華公司理事長蔣介石，陳儀分店長是豬」與「豬去狗回」等塗鴉。公司就是日文「会社」的意思①。

國民黨軍陷入了被從台灣趕落海的危險。

三月八日，從大陸來的一萬名援軍從基隆上岸，三千名的援軍抵達高雄。上岸後的部隊，看到島民就殺，反覆掠奪，強姦婦女及兒童。

以律師、醫師、老師、報社員工、出版社員工、藝術家及企業主為首的知識階層，在沒有逮捕狀的狀況下，看到就被抓或被處死。屍體被放置在道路上殺雞儆猴，跟陳協議的島民代表，全部被處刑。

這就是「二二八事件」，根據國民黨的紀錄，有兩萬八千人遭到殺害。

國民黨宣稱二二八事件是由共產主義者與日本人一同計畫，有組織性發動的事件。

①這裡是作者為日本讀者所作的解釋。

因蔣介石而頻繁發生的台灣人大屠殺

三月十二日，國民黨的軍機在全島上空盤旋，從空中灑下印有「中華民國總統」蔣介石之名的布告，在傳單上寫著「全面支持」陳儀行政長官的措施，「共產主義者與日本是引起這場騷動的同路人」、「台灣同胞能從日本五十年來的暴政裡被解放，應該感謝大陸的中國人」。

台灣人寫有「把台灣至於美國統治之下，或希望回到日本統治下」的請願書，被送到設置在台北的美國大使館。

二二八事件的六週後，在南京的美國駐華大使司徒雷登（John Leighton Stuart），寫了一封長信給蔣介石總統，引用美國外交官的目擊錄，表明美國政府對台灣的狀況懷有深刻的懸念，蔣則以他完全不知到有這樣的事實來回答大使。

來到八月，在華美軍司令官魏德邁（Albert Coady Wedemeyer）中將，把報告書送交華盛頓。指出「陳儀和他的部下，以征服者的姿態，對台灣原本過著平穩幸福生活的島民們，毫不留情地施行無慈悲、貪婪及腐敗至極的占領政治」。並說明「台灣人深切希望接受美國統治，或是接受聯合國的託管」。

因為依賴著美國的援助，蔣介石總統為了求生存，不得不撤換掉陳儀來滿足華盛頓，並指派魏道明為下一任台灣省長官。

陳儀不但沒被追究失政的責任，還被賦予浙江省——他生長的故鄉——省長的官位作為報酬。

一九四七年，在台灣大聲疾呼反攻大陸的蔣介石。由國民黨展開的台灣人大屠殺，已經開始了。右為宋美齡夫人。

照片提供｜每日新聞社

魏道明也在一九四八年（昭和二十三年）十二月，被解任掉台灣省主席的職位。離台時，洗劫了日本時代總督府的官邸家具及古董。因此，新任的陳誠將軍從大陸前來赴任時，官邸處於家徒四壁的狀態。

這個時候，以蔣政權的幹部為首，每天都有顯要人物從共產軍手下逃出，與家族一同成為大量的難民逃到台灣來。

達官顯要們從大陸的工廠，把分解後的工作機器、工業原料、糧食、醫療機器、藥品等等，用十幾艘貨物船運到台灣來，這跟當初國民黨軍占領台灣時所做的事剛好相反。

蔣介石也逃到台灣來，定居在台北郊外的溫泉保養地草山（注：日本名，現在的陽明山①）。

蔣介石成為台灣的主人後，為了強化島內治安，再度進行了台灣人的大屠殺行動。光是一九四九年（昭和二十四年），就有一萬人以上的台灣人被捕，多數的人被殺害。

包括六十萬的官兵在內，總數約有兩百萬的中國人跟著蔣政權一同從大陸流入台灣的，日本投降於同盟國時的台灣人人口是六百三十萬人。

蔣介石為了收買台灣人的歡心，羅織了陳儀通匪的罪名，將他逮捕並帶到台灣來，一九五〇年（昭和二十五年）六月，宣布將身為長年戰友的陳儀，以虐待台灣人民為由處以死刑。

處刑當日，為了讓島民慶祝還事先分發了煙火。

①作者的原文注解。

韓戰解救了蔣介石的絕境

到一九四九年（昭和二十四年）為止，華盛頓方面的軍方與國務院的主事者間，已經同意將台灣從蔣政權的支配下分離，交由聯合國託管。

英國具影響力的《經濟學人》雜誌主張「麥克阿瑟將軍因為兼任聯合國軍司令，所以台灣應該移至聯合國軍之下管理」。《紐約時報》也在社論裡論述，「因為台灣的歸屬未定，所以應該委任聯合國託管」。

美國參議院外交委員會的有力議員則提倡「美國應該立即接收台灣」。如果真是如此，台灣人的台灣應該就能實現吧。

可是，一九四九年中國共產黨稱霸大陸，蔣政權於十月逃往台灣，讓台灣交由聯合國託管的議題變得沒有下文。而且台灣也被認為，無論如何都會被共產軍給占領。

杜魯門總統在一九四八年八月將國務院的《中美關係白皮書》送往國會，是美國對中政策的轉捩點。《中美關係白皮書》的中國地圖附件，將台灣以「Taiwan, Formosa」並記。

一九五〇年一月，杜魯門總統決定不再涉入蔣政權，確立了不介入中國內戰的方針。

杜魯門總統聲明：「美國對於包含台灣在內的中國領土，沒有想要獲取的野心，也沒有要在台灣設立軍事基地，或以軍事介入現狀的意思，將會停止一切對於蔣政權的軍援，也會召回軍事顧問團」。

但是，蔣介石的運勢很強，在美國對蔣政權見死不救都還沒滿半年的一九五〇年六月二十五日，北朝鮮①的金日成主席在史達林和毛澤東的教唆下，突襲了韓國，於是韓戰②爆發，而美國在這此之前，早已將在韓美軍完全撤守。

杜魯門總統立刻要求在東京的麥克阿瑟元帥，將在日美軍投入韓國的防衛，並同時在兩天後，下令第七艦隊進入台灣海峽採取警戒態勢。

韓戰解救了還差一步就要崩壞的蔣介石政權，因為不僅是朝鮮半島，華盛頓對於毛澤東的中國是不是也想要攻下台灣而感到恐懼。

於是台灣被編進了美國遠東的防衛線裡。

如果沒有發生韓戰，對於台灣遭到大陸併吞一事，美國肯定會採取袖手旁觀的態度。但是，因為發生了韓戰，華盛頓才有機會認識作為侵略者的毛澤東。

杜魯門總統發表聲明，說到「如果台灣（Formosa）被共產軍占領的話，將會威脅到太平洋地區的安全，屆時美國若要在同一區域採取適切且必要的行動時，就會受到妨害。」這個時候台灣仍被稱為福爾摩沙，也首度被稱為「不沈的航空母艦」（unsinkable carrier）③。

杜魯門更進一步加上了「台灣將來的地位，要在確立太平洋地區的和平，以及簽訂《舊金山和平條約》後，由聯合國來決定。」

華盛頓派第七艦隊到台灣海峽，也是基於萬一蔣介石的軍隊渡過海峽攻擊大陸的話，可達到防止戰火擴大的目的。

無論如何，韓戰解救了蔣介石政權的絕境。

同時，美國也再度開啟對蔣政權的武器援助，讓在恐怖政治之下的台灣，搖身一變被稱為「民主主義的堡壘」。

一九五四年（昭和二十九年），《中美共同防禦條約》④的簽訂，讓蔣政權答應，只要沒有美國的同意，就不得進攻大陸。

因為這件事，美國確立了「兩個中國」或是「一個中國，一個台灣」的政策。

---

① 即「北韓」，這裡與「南韓」一樣沿用日方的稱呼，以避免語意上因歷史因素而混淆不清。

② 日方原文稱為「朝鮮戰爭」。

③「unsinkable carrier」是作者附上的原文，但英文應該是「unsinkable aircraft carrier」才正確，而這個詞其實是一個戰略用語，泛指一個島嶼因為地理或政治因素而具有延伸軍事力量的作用。作者雖然說台灣在（韓戰的）這個時候才被首度被稱為「不沈的航空母艦」，但其實麥克阿瑟將軍在二次世界大戰時，就已經將位於第一島鏈中點的台灣以此稱呼。

④ 日方原文稱為「米華相互防衛条約」，「中美共同防禦條約」是台灣的說法，其中的「中」指的是在台灣的中華民國，條約的正式名稱為《中華民國美利堅合眾國共同防禦條約》。

在中華思想裡，日本與台灣都是夷狄

現在的中國雖然自顧自地用名不符實的「中華人民共和國」來自稱，但由於為政者獨占特權，所以既非「人民的國家」，也非「共和國」。順帶一提，「人民」跟「共和國」都是進入近代以後來自日本的日語，只有「中華」這個自認比誰都還要優秀，能夠支配世界的詞，才在國名裡表現出了心裡真正的想法。中華人民共和國在整個中國歷史裡，只不過是經常交替登場的眾多王朝之一罷了。

日本國民，對中國人高傲的中華思想一無所知。中國一直都是透過中華思想這個歪斜的鏡頭在觀看世界。因為中華思想誕生於大陸，所以看不起水邊與海岸的民族，因此，將海島民族蔑視為未開化的島夷。

對中國來說，因為台灣與日本都是海島民族，所以是島夷。在《春秋三傳》的《穀梁傳》與《公羊傳》裡，將夷狄定義為不服從中國的國家，因此日本也成了夷狄。

朝鮮也因為尊崇中國為宗主國，所以在很長的期間裡，也是透過中國人的角度來看日本。我將韓國稱為「朝鮮」，並不是出於蔑視，而是朝鮮王朝① 在日本贏得甲午戰爭前，尚未以大韓帝國之名獨立之前，有長達五百年都是作為中國的藩屬而併入中華秩序之中，在那段期間都是自稱國號為朝鮮②。

在華夷秩序之下，只有中國的天子才是世界唯一可以冠上皇帝之名的人。在中華秩序下，李式朝鮮等藩屬國之王，跟西洋撲克牌的國王（King）是不同的，是由中國皇帝冊封——任命——的世襲制地方長官罷了。

朝鮮國王因為日本贏得甲午戰爭，才能從中國獲得解放而獨立，開始冠上大韓帝國皇帝之名，也才能將國名改稱為韓國。

因此，朝鮮是歷史上的稱呼，所謂的韓國，指的是一九四八年（昭和二十三年）在美國占領下被允許獨立的朝鮮半島南半邊而已，李氏朝鮮與日本時代的朝鮮半島都不以韓國稱呼。

朝鮮人是事大主義③，擁有為了生存而阿諛奉承強者的民族性，「事」，有服侍、服務的意思。因為這樣的民族性只管一心努力成為中國的複製品，也因此與中國相同，輕蔑海島民族。

對國內是濟州島，對國外是日本，這兩者都是韓國人強烈輕蔑的對象，至今，韓國的濟州島島民仍蒙受沒理由的差別對待。

---

①日方原文稱為「朝鮮王国」。

②一三九二年李成桂改元建國，由明太祖定國號為「朝鮮」，史稱「朝鮮王朝」或「李氏朝鮮」。一八九五年的甲午戰爭，日本為了日後能併吞朝鮮，在與清朝簽訂的《馬關條約》中，將李氏朝鮮從中國的藩屬中分離出來，不過因為明成皇后試圖拉攏俄國，所以日本暫時沒有成功，朝鮮遂在一八九七年以「大韓帝國」獨立，後來日本在日俄戰爭中獲勝，於一九〇五年與大韓帝國簽訂《乙巳條約》，將其納入日本的保護之下，並在一九一〇年簽訂《日韓合併條約》，正是將朝鮮半島併入大日本帝國的領土。

③源於《孟子》中孟子對齊宣王的問答記載：「有。惟仁者為能以大事小，是故湯事葛，文王事昆夷。惟智者為能以小事大，故大王事獯鬻，勾踐事吳。以大事小者，樂天者也；以小事大者，畏天者也。樂天者，保天下；畏天者，保其國。」原用以形容智者的外交哲學，但後來卻轉變為貶抑的形容詞，其中以韓國為歷史性代表，因為「事大主義」的形成與中國傳統的華夷秩序密切相關。

日本的龍為何只有三隻爪子？

在華夷秩序下，相對於中國的五爪龍，朝鮮與越南作為次階的藩屬國，龍都是少一隻爪子的四爪龍。

日本在華夷秩序下，因為被輕蔑為夷狄，所以龍只允許擁有三隻爪。因此從室町時代開始，只要有來自日本的訂貨，輸出到日本的龍雕刻或繪畫，全部都只有三隻爪。

日本是中國周邊國家裡，唯一沒有成中國藩屬國，也沒有俯首稱臣朝貢過的的一國①。

在二〇一二年十一月，我受邀參加舉辦在京都嵯峨野天龍寺，以先前剛過世的市川團十郎先生為首的聚會，對歌舞伎簡短地寒暄了一下。天龍寺被指定為世界文化遺產。

因為這個聚會，夢窗國師在七百多年前所打造的高雅庭園被打上了夢幻般的光線，在夜幕垂帷下猶如身處夢中。

在面對庭園的走廊通道，有一幅很大的雲龍隔扇画②，如我所想的只有三隻龍爪。

四百多人的善男信女受邀享用懷石料理。

我開始提到隔扇画上只有三隻龍爪的事情。

接著，我說，如果隔扇画上的龍有四爪的話，日本以歌舞伎為首的獨特、優良傳統文化可能就無法形成了。

市川團十郎先生也感到驚訝地說：「果然是這樣呀？」多數的與會者跟我說這是「第一次聽說」。

這個龍爪數的事情，為什麼在日本並不廣為人知呢？

中國龍的五隻長爪，開始伸向釣魚台群島，也企圖奪取沖繩與台灣。

日本與中國雖然身為鄰國，但彼此文化卻相差如此之大的例子，在全世界裡別無他者。

①作者可能是以整個一統的日本而言，因為據《後漢書》記載，在西元五七年時，曾有位於日本南方的小國，即奴國向光武帝朝貢，並受封為倭奴國王。另外，明太祖時期，日本處於南北朝時代，位於九州一帶的南朝懷良親王也曾受封為「日本國王」，並以「日本國王懷良」的名義向明朝朝貢。

②日文原文為「襖絵」，是日式房屋的紙扇隔間，上面通常會有繪畫。

台灣代表在 311 大地震追悼儀式上的待遇

二〇一三年三月十一日，天皇皇后陛下出席了由政府主辦的 311 大地震① 兩週年追悼儀式。

中國駐日大使程永華不管自己只是被邀請參加紀念儀式而已，對日本政府將台灣代表列入「指名獻花」一事感到憤怒，而邀請韓國駐日大使申玨秀一同抵制，申大使就好像中國的大使一樣。

台灣國民在 311 大地震時，募捐了比任何其他國家都還要多的兩百億日圓，並送至災區。捐獻的不是政府而是國民，這簡直就是義舉。對日本抱持如此強大好意的國家，別無他國。

所謂的「指名獻花」，是指緊接在駐東京各國大使之後進行獻花的國際組織代表。

日台間因為沒有邦交關係，台北經濟文化代表處的代表，實際上是以「駐日大使」的身份進行獻花。

北京不管台灣作為有別於中國而存在的國家現實，只要台灣受到同等國際機關規格的待遇，就無法容許。

中國外交部敘述，「在追悼儀式中，對台灣的關係者採取與外交使節、國際組織同等的待遇」，「對日本的應對表達強烈的不滿與抗議」，「要求日本改正過失」。

但是，在前年二〇一二年的 311 大地震追悼式中，當時的野田內閣將台灣駐日代表從指名獻花名單裡排除，使其以一般參加者名義參與獻花，實在是太無情又羞恥的行為，這跟台灣之間有無邦交應該無關吧？

不過，在台灣代表被從指名獻花名單排除後的隔月，四月十九日台灣的台北經濟文化代表處代表馮寄台受邀參加天皇皇后陛下在赤坂御苑主辦的春季園遊會。

天皇對馮代表說：「感謝台灣在311大地震時，給予日本莫大的援助。」皇后也用英文跟馮夫人親切交談，這件事在台灣被廣大地報導了。

①日方原文為「東日本大震災」，但因為台灣方面習慣稱為「311大地震」，故全書以此替換。

習近平的「強兵之夢」與大量的死豬屍體

國家主席習近平在二〇一二年十一月的一中全會裡，就任黨總書記與黨中央軍事委員會主席時，表示會「堅持將軍事鬥爭的準備做為最重要的方針」。之後又說「中華民族的偉大復興之夢就是強軍之夢」，演說著會努力做好戰爭的準備。

來到二〇一三年三月，北京舉行了全國人大①，習近平體制正式開始。全國人大閉幕當天，國家主席就任演講裡再度說到「中華民族偉大的復興，就是中國夢的實現」、「弘揚愛國主義的中華民族復興，即是中國夢」。

在席主席的演講裡，「中國夢」這個詞，重複出現了九次。

跟在習主席之後的中央軍事委員會許副主席許其亮也呼籲「為了實現強國夢與強軍夢而奮鬥吧！」

在人類進入二十一世紀的今天，「強國夢」與「強軍夢」完全與時代潮流不合，「中國夢」對全世界來說就是「惡夢」。

習主席在說了「弘揚愛國主義的中華民族復興，即是中國夢」的隔月，中國外交部發言人華春瑩說「日本恢復民族主義是危險的」。

中國一邊對中國人民說「弘揚愛國主義的中華民族復興②」，卻不允許西藏人、維吾爾族人及蒙古人的民族主義，如此指責日本，也是把日本當少數民族看待。當然，對中國來說，台灣人的民族主義也是不被允許的。

在這之後，習主席不斷重複「中華民族的偉大復興之夢就是強軍之夢」、「把強軍目標謹記在心，親身實踐」的發言。

然而，在全國人大閉幕的這一天，中國人民關心的完全不在人民大會堂上。

上海黃浦江邊，有高達一萬六千頭的腐爛豬屍，從上游漂至此處。流傳在全國網路上的是，像中國惡夢般的圖片，而非習主席的「中國夢」。

全國人大的召開，讓人聯想到現今體制的腐敗，如同中國的自然界一般，體制的腐敗已經汙染到瀕臨危險程度。網路上開始出現「共產黨高官的腐敗，就像上海黃浦江上浮著的死豬屍體一樣」的留言，各種批判也接著出現，但因為審查的關係，馬上就被刪除了。

習近平體制一定會趁著日本還沒充分準備好時，來搶奪釣魚台群島。中國政府為了維護體制，頻繁地煽動著戰爭的狂熱，為的就是要有看得到的成果出現。

日本恐懼中國，而說著不能刺激中國，但就因為這種怯懦的態度，中國根本不把日本當作一回事，暴力團體或流氓只要讓被威脅的對手越畏懼就越顯得兇狠。

中國只相信力量，只要畏懼，就會得寸進尺，韓國人也是一模一樣的。

①即「全國人民代表大會」。
②作者的原文為「復活」，但為了與前文一致而翻譯為「復興」。

面臨重大危機的中國共產黨

現在，中國共產黨正面臨自一九八九年（平成元年）天安門事件以來的重大危機。

那時中國被追逼到革命的懸崖邊緣，鄧小平下令在北京市中心進行大屠殺，才勉強守住獨裁體制。

在那之後的政權，也沒有一點承認天安門事件之過的意思，雖然承認了毛澤東的大躍進運動與文化大革命之過，不過那是因為不這麼做，鄧小平的改革政策就無法得到人民的支持。但是，如果接下來的最高指導者承認了過錯，政權就會失去權威。

習近平的新體制在實現「海洋強國」的同時，也將肅正以政府官員為核心的綱紀改革放在最前面。

只是，這次全国人大的三千名議員裡，有九十人擁有十八億人民幣（約兩百八十億日幣）以上的資產，位居億萬富翁排名的前一千名。

九十人只是全體議員的百分之三，但可想見這些議員是屬於中國的富裕特權階級，在中國稱之為「權貴（特權）階級」。

回首中國歷史，無論看哪個王朝，中華帝國的政府官員，從上到下都沈浸在不當的謀財致富競爭裡。

今天的中國，是由繼承毛澤東與建立共產體制的老幹部血緣之太子黨，加上效忠太子黨而被提拔的中國共產主義青年團①，是大約三百人的集團在支配著中國的經濟。太子黨與共青團是一丘之貉，不考慮人民的幸福，只壓榨人民，關心特權的維持與謀財致富罷了。

二〇一二年，美國《彭博社》報導了，在全国人大兩千九百八十七人的議員裡，前七十名富裕者的私人財產，總計高達為四千九百三十一億人民幣（約四兆九千億日幣）。然後評論了美國參眾議員五百三十五人中，前七十名的私人財產總合也只有上述的十分之一，即四十八億美元（約四千八百億日幣）而已。

比較美中的個人國民所得，因為美國是中國的數十倍，所以中國議員的私人財產，竟是個驚人的金額。中國沒有公開政治家財產的制度，跟日本國會議員的私人財產相比，小澤一郎先生與鳩山由紀夫、邦夫兄弟等人的財產，簡直是太貧弱了。

根據二〇一二年的《泰晤士報》，中國排名一二的不動產公司，是由黨的最高幹部子弟在支配著，產生巨額利益的收費道路所有者裡，百分之八十五為高官子弟。根據同報報導，二〇一〇年在中國年收入高於一千六百萬美元（十六億日幣）的三千兩百二十人裡，有百分之九十一為黨的幹部子弟。

中華人民共和國變成了一個巨大的家族公司，收賄、侵占公款等腐敗作為，變成家常便飯之事，而這就是中國社會傳承數千年的常態。

中國有高達一千萬人的公務員，全體效仿上面的人，也不是什麼不可思議的事情。

①作者的日文原文為「共產堂青年団」。

不過，看了這次全國人大的影像後，三千人裡，一如往常，沒有一個白髮議員。全員都一起把頭髮染黑，每次舉辦全國人大時，我都凝神觀看，簡直是蔚為奇觀。

應該是老子的教導裡，有不該讓白髮老人工作的訓誡。老子是西元前的周國人，道家思想的始祖，與孔子並列為至今對中國人有莫大影響的人。悠遠長久的中華文明從遠古的從前到現在，沒有改變。

公務員的異常腐敗正在向前推進的中國

在中文裡，有著「官禍」、「清官」這樣在日文裡找不到的詞，有「清官」這樣的詞，就表示清廉的政府官員，從古至今都是非常稀有的。

韓文至今也有「清吏」、「官災」這樣的詞，在這裡也是一個小型的中國。

習近平的新體制被政府官員的異常腐敗、環境的嚴重惡化，及貧富差距的加速擴大等這些迫切影響政權將來的危機感所追趕。

習近平的體制改變了前體制中胡錦濤所高喊的「中國的和平崛起」口號，煽動著國民的戰爭狂熱，試圖統一人民紛亂的步伐，對國內進行整肅。

中國從胡錦濤時代開始，貧富差距已經大到危險的程度，因為經濟差距所產生的龜裂，正要開始吞噬共產黨的一黨獨裁體制。正因為如此，所謂富裕階層與極貧階層的大家都友善協調的「和諧社會」，就成了另一個口號。

馬克思、列寧及毛澤東都將階級鬥爭當作是共產主義最重要的教義，若這三人有靈，知道共產政權的末裔為了維持特權，高舉「和諧社會」，準備封印馬克思主義基本教義的階級鬥爭，一定會顯靈跑出來。雖說如此，若是馬克思主義者，因為是無神論者根本不會考慮到靈魂的存在，肯定能夠高枕熟睡才是。

中國漸漸在崩壞中，毛澤東身為初代天子所構築的中華人民共和國，在歷代中華王朝裡，成為壽命最短之王朝的可能性很高。

就在不遠處，北朝鮮的金正恩體制，強行實行第三次的核子實驗後，以「戰爭準備完畢」、「把華盛頓變成火海」、「東京也不在例外」等，每天一而再，再而三地煽動著戰爭的狂熱。

北朝鮮的經濟已經無法維持，苦惱於嚴重的糧食不足。因此，為了團結人民，更是頻繁地煽動著戰爭的狂熱。

中國也是因為一黨獨裁的體制病了，而發燒變得神智不清。

中國正在北朝鮮化，為此，習近平的體制施行的不是富國強兵，而是強制執行腐國強兵。現在聯合國的一百九十三個會員國裡，除了中國和北朝鮮外，完全沒有國家在公然煽動戰爭狂熱，這是異常之事。

習近平主席的中國，因為攀升為全球第二的經濟大國，開始看不起別國，變得傲慢，想要再現過去的中華大帝國。

但是，習近平的世界卻破綻百出，而負傷的虎與狼，甚是恐怖。日本到底要重視那部羊的憲法，繼續扮羊到什麼時候？「美」這個漢字是由「羊」跟「大」組合而成，就像現在的日本一樣，肥美的羊，美味好吃。

人民解放軍自豪有兩百六十萬人的兵力，但就像黨一樣，從上到下腐敗至極，戰鬥能力低下。因此，習近平主席禁止軍人在高級餐廳接受招待或購買外國的名牌商品，拼命地肅正綱紀。

只要日本能恢復正常的話，就不需害怕人民解放軍。

換個角度來看，韓國與「中華民族的偉大復興」一同，感受到中國變大的存在，逐漸回到日韓合併前的李氏朝鮮時代，韓國回歸中國的藩屬後，將更加瞧不起日本。

李氏朝鮮標榜「幕華思想」，以中國的完美複製品「小中華」之名而自豪，韓國在中國增強的勢力中，逐漸變回中國的藩屬國。

因此，韓國大使跟隨中國，一同缺席了311大地震的追悼儀式。

中國的台灣、沖繩掠奪計畫

首先，習近平的體制要竊取釣魚台群島，接著再把台灣弄到手。能夠從日本手上奪得釣魚台群島的話，接下來就是台灣了。如果釣魚台群島被奪走的話，日本與台灣之間就會被分割。中國知道只要奪取了釣魚台群島，就能削弱日本與台灣兩國國民的意志。

中國也準備掠奪沖繩，已經將近十年了，在日本的部落格上，能夠看到辦公室設於北京的「琉球共和國設立委員會」所有的「琉球共和國憲法」，以及以青黑色為底，上面有黃紅白三顆星並列的「琉球共和國國旗」①。

二〇一三年五月，中國共產黨政黨報《人民日報》，刊載了琉球是中國「固有領土」的新聞，批判明治政府設置沖繩縣，「是以武力併吞了本是獨立國家的琉球」，主張沖繩的地位「是歷史上的懸念，也是尚未解決的問題」。

類似這樣的主張，絕不是唐突進行的活動，為此還設立了一個可疑的官方「琉球共和國設立委員會」。

中國主張擁有沖繩與本是琉球王國一部分的奄美大島，是根據琉球王國曾在明朝與清朝時，對中國朝貢過。琉球王國雖然在島津藩的統治下，但因為在中國貿易裡獲得巨利，而讓其向中國朝貢。

如果，進行朝貢並被中國皇帝冊封為國王的所有國家都是中國的固有領土，那麼朝鮮半島、越南也都會成為中國的領土。

①這面旗幟稱為「三星天洋旗」，底色為青（天）色與深（海）藍，表示天空和海，白色星星表示道德和理性，紅色星星表示驕傲和激情，黃色星星則表示和平和繁榮。

第3章 被美中、日中玩弄的台灣

——世界上最被殘酷以對國家的悲劇

為什麼日本在台灣問題上，變得對中國唯命是從？

若試著把戰後的日本譬喻為一家私有公司的話，就是一家以可疑的和平主義作為經營方針，一心採用追求經濟快樂的商業模式之公司。

從二〇一一年（平成二十三年）到二〇一二年，這個商業模式殘酷地崩壞了。中國在全國各地煽動官方與民間①的反日抗議，明目張膽地奪取釣魚台群島。

暴民最初攻擊的是松下電器（Panasonic）的工廠，因為我長久以來擔任松下政經塾的幹部，驚訝到說不出話來，因為過去有松下幸之助先生在鄧小平來日本時受其所託，比日本任何一家企業都還要早一步投資中國，進行設廠的歷史。

支撐著日本戰後商業模式的日中關係產生了很大的裂縫。

一九七二年（昭和四十七年）九月日中邦交正常化施行以來，日本所描繪的「日中友好」幻想，殘酷地破滅了。就像是在廟會時，央求要買氣球的小孩，買到後很高興地玩著，然後突然被一陣風把寶貝的氣球給吹走，或被欺負人的小孩給弄破一樣。

日中友好也好，和平憲法也好，都只不過是幻想罷了。

從幕末到明治，日本明明是大人的國家，卻在美國保護的「和平」憲法體制下變得幼兒化，變成小孩子的國家。

我從一九六〇年代開始，就一直說著，中國是無法跟日本相容的專制國家，是個經歷三千年恐怖政治文化所建構的國家，一定要有所警戒。

日中邦交正常化因田中內閣而被強制進行時，我藉由雜誌《諸君！》的版面表達了反對，也用像醉倒在廉價酒中一般，鼓吹日中邦交正常化，批判了以《朝日新聞》為首的媒體們。

隔年，在編輯宮崎正弘先生工作的浪漫社所發行的著書裡，我揶揄了這件事：「看到田中首相訪中時的大新聞②標題『秋晴 北京友好之旗高揚』、『在掌聲中緊緊握手 互相理解的心熱烈歡迎』，我不得不想到，日本、納粹德國及義大利在締結三國同盟後，松岡洋右在訪歐行程③中，於柏林主要街道遊行時，報紙狂熱的標題。」（《新聞批判入門》）

那個時候也是這樣。報紙憧憬希特勒的德國，鼓吹輿論，把毛澤東奉為新的希特勒。取代親德派，親中派把日本帶向了危險的方向。

我在日中建交時，針對日台關係，批判了對中國唯命是從這件事。當時，中國感受到中俄戰爭隨時會發生的威脅，應該是中國強烈需要日本才是。

對中國來說，有焦急與日本建立邦交的必要，但是日本根本沒有著急的必要。日本就算沒有邦交，也已經是中國最大的貿易對象國了。

①作者日文原文為「漢製」，與「官方」的「官製」日文發音相同。

②明治時代，有大新聞與小新聞兩種報紙。大新聞是以政治議論為中心，以知識人為對象讀者的新聞。小新聞是以庶民為對象讀者的娛樂記事新聞為主。雖然我都將日文的「新聞」翻譯成報紙。但因此故，在此沒有把大新聞翻譯成大報紙。

③日文原文為「松岡ミッション」（松岡Mission），指的是當時外相松岡洋右的訪歐行程。

「我出席了以大平外相爲首的聚會，報紙口徑一致要求加速日中邦交正常化。我詢問外相『究竟有必要這麼急嗎？』接著，外相斷言說『日中問題是國內問題』。外相是正確的。「對日本來說，中國有三個。中華人民共和國、中華民國與日本國內問題裡的中國。第三個中國是報紙製造出來的東西。田中內閣所選擇的對象，是第三個中國。」（節錄於前述拙作）

日本進行了一場一人相撲。一人相撲是指，一個人擅自以為事情是他所想像的那樣，然後著迷於其中而做出來的行為。

日中恢復邦交後失去正常的日本新聞

我對田中首相降落在北京機場時的《朝日新聞》，像發高燒的病人說著夢話一般的報導，感到啞口無言。

我懷疑這名朝日新聞的特派員，是否從一早就開始瘋狂喝起酒來。

「〈北京二十五日＝西村特派員〉這時厚重、尖銳的寂靜，該怎麼表現才好呢？廣大的北京機場裡，就像落下失去所有聲音的寂靜。一九七二年九月二十五日午前十一時四十分，穿著黑色衣服的田中首相，稍微搖晃著身軀，踩在鋪著紅地毯的飛機登機梯，下了飛機。覺得有些耀眼般地抬頭看了天空，突然緊閉雙唇，走到周總理面前去。」

「……這是夢吧？不，這不是夢。現在，沒有錯的，日中兩國首相的手，緊緊相握。」

「實際上，這時間應該不滿一分鐘才是。混在記者團裡的歐美記者們可能發出了一些不客氣的聲音，但是，感覺比實際時間還長。我想沒有其他的聲音了，持續仇恨了四十年的時間長流，在此時終於靜止了。在漫長歲月裡，日中國民所流的血淚，都在滿溢的陽光中像是化成閃光高昇而去──在差點暈眩過去的瞬間，我有這種感覺……。」

對於這篇報導，當時我做了下述的記錄。

「作爲新聞記者，無論在什麼狀況下，都不能出現暈眩的狀況，振作一點好嗎？而且，無論在日本，或是在國外，記者永遠都應該發出『不客氣的聲音』，不是嗎？」（節錄於前述拙作）

這記者，真的就是在夢中。從那時開始還不滿四十年，應該連作夢都沒料到中國會對日本露出醜惡之牙吧。

此時《朝日新聞》以「田中首相開啟日中新時代的訪中」為題的社論，也是篇讓人看了噴飯的文章。

「日中正常化，對我國來說，必須要是新的外交、防衛政策的起點。根據《美日安保條約》①，從在勢力均衡上追求不安定的安全保障立場來看，日中之間締結不可侵犯條約，再把這個環擴大到蘇聯去，或是設定亞洲、東亞地區爲永久中立地帶，這樣的外交選擇也成爲一種可能性。」

日本笨到去跟台灣斷絕關係，放棄了台灣，我說，日台是一體的，台灣如果被中國併吞的話，日本就會亡國。另外，應該等美中建交後，再來締結日中邦交。

難得尼克森夫婦在田中首相之前便在人民大會堂裡吃了飯，卻沒有成為日本的前車之鑑，中國沒有付出任何代價，就得到了日中邦交正常化，但日本卻付出了很大的犧牲。

①日方原文為「日米安保条約」。

即使斷交也要制訂《台灣關係法》的美國

美國比日本晚七年，直到卡特政權才建立美中邦交。美國雖與中華民國斷交，國會卻同時制訂了《台灣關係法》（TRA），將防衛台灣制定為政權的義務，今日的美台關係就是基於《台灣關係法》所形成的官方關係。

我主張日本國會也應仿效美國國會，設立日本版的《台灣關係法》，但是日本的政界、財經界及輿論界，都像重現幕末狂亂的集團參拜一般①，向中國靠攏，完全失去正常。

尼克森訪中後，在華盛頓飄揚起了「兩個中國」的國旗。一面是中華民國大使館的青天白日旗，另一面是中華人民共和國聯絡事務所的五星旗。

然而，在日本卻不被允許有這樣的「兩個中國」。

日本為了日台的交流，以民間團體的名義成立了聯絡事務所，原本應該稱為「日華交流協會」或是「日台交流協會」，卻因為太過窺探北京的鼻息，所以連加上「日」、「華」、「台」的勇氣都沒有，只命名為「交流協會」。

成立一間股份公司，卻只取名為「股份公司」，就是做了一件滑稽的事情。

時至今日，還是稱為「交流協會」。美國在台灣的代表處，跟日本一樣使用民間機構的名義，但名稱是「American Institute in Taiwan（AIT）」，美國與台灣雙方的名稱都涵蓋在內。

台灣政府在日本設置的聯絡事務所，也因日本政府之故，無法冠上台灣的名稱，到了現在仍被稱為「台北經濟文化代表處」，簡直就像是城市的代表事務所一樣，就好像還有其他台中市、台南市、高雄市的代表處，不是嗎？

中國到現在，從來沒有稱呼過台灣為「中華民國」，一直都是稱呼「台灣」，既然如此，為何日本不能也在名稱上冠上「台灣」呢？

①這裡日文原文的「おかげ参り」是指日本江戶時代發生的伊勢神宮參拜熱潮，大約以六十年為一週期而出現的團體參拜現象。

為什麼日本，對中國如此卑屈？

日本在戰後誕生了像是「和平外交」、「聯合國中心主義」、「等距離外交」等各式各樣日本獨有而無法通用於全世界的空虛、無意義名詞，「交流協會」也是一個只會感到臉紅與羞恥的謎語。

位於東京的台北經濟文化代表處裡，由現役的台灣軍將校穿著便服工作著。與之相較，在台北的日本「交流協會」，因為恐中，不是派遣現役的自衛官，而是派遣自衛官的OB①，但應該要派駐現役自衛官才是。

在台北的美國代表處AIT也有美國軍人派駐擔任武官執行勤務，而美國陸海空三軍的士官學校各自接受了很多來自台灣的學生。

位於日本神奈川縣久里浜的防衛大學，在二〇一三年（平成二十五年）的現在，有來自韓國、柬埔寨、泰國、東帝汶民主共和國、菲律賓、越南、蒙古、寮國八個國家，一百二十名以上的外國留學生來此就學，然而，台灣卻被排除在外。

日本與中華民國斷交前，在陸上自衛隊幹部候補生學校裡有四、五名台灣學生在學，但是，因為太過畏懼中國，就以妥協之計將陸自幹校裡的台灣學生在籍記錄給抹消了。到底是為了什麼？有必要變得這麼卑屈嗎？

現在的海上自衛隊幹部候補生學校與航空自衛隊幹部候補生學校裡，各自有一名與二名來自泰國的學生在學。

文部科學省每年都會發表「關於高等學校的國際交流現狀」報告書，二〇一一年度（平成二十三年度），有十五萬一千四百一十九人的高中生，從日本出發到以美國為首、超過二十九個國家的各國進行了校外教學。但是在訪問國家的名單裡，卻沒有台灣的名字，而實際上卻有相當多來自日本全國的高中學生到訪台灣。

根據文部省表示，台灣包含在中國裡，所以沒有必要另立項目。日本政府，從來沒有承認過台灣是中華人民共和國的一部分，為何要如此奉承中國呢？

日本政府與媒體，從以前到現在，只要有什麼事情發生，就說「不能刺激中國」。根本就像是村子裡有暴力集團的辦公室，所以居民都戰戰兢兢的。而且都不說不能刺激美國、英國、德國、印度等其他國家，這樣對中國而言，反倒是失禮不是嗎？

①所謂「ＯＢ」是指同個團體，例如社團，已經離開或畢業的學長。

急功近名的尼克森與季辛吉

現在，尼克森政權之後與中國交涉的機密文件都已解密，尼克森總統在當時的三年前，即一九六九年（昭和四十三年）就任時，民主黨①的有力議員此起彼落地喊著應該打開中國門戶，因此尼克森在面對連任競選時，燃起了解決美中關係的欲望。

尼克森將終結越戰作為政見而當選，但他相信了季辛吉的獻策，以為中國雖然支援北越，但為了抵抗蘇聯的威脅，應該希望與美國結盟，因此可以實現越南的和平。

一九七一年（昭和四十六年）七月，國家安全會議（NSC）特別顧問季辛吉從巴基斯坦秘密飛到北京，與毛澤東主席、周恩來總理就尼克森訪中一事進行會談。共產中國自建國以來，從來沒有美國政府的重要人士踏上中國土地。

尼克森與季辛吉兩人對打開中國門戶一事急功近名。

在季辛吉的訪中行程裡，與包括之後成為駐中大使的溫斯頓．洛德（Winston Lord）三名工作人員同行。洛德得意地回想起，當搭載季辛吉的巴基斯坦特別飛機進入中國領空時的亢奮，「因為我想成為第一個進入中國的美國政府要員，便站起來朝機長室跑去」。

季辛吉與周恩來同意尼克森訪中的前提條件即是，美國承認「一個中國」，台灣是「其一部分」與尼克森政權在第二任期時實行美中邦交正常化、完全撤收在台美軍，及「美國抑制日本在亞洲增強影響力的舉動」。

在這個時後，季辛吉約定了美國「不容許台灣獨立」這件事。

我跟尼克森之後的福特總統很親近，季辛吉也擔任了福特政權的國務卿，有好幾次會見福特總統時，季辛吉也在場，也一同吃過飯。季辛吉很傲慢，總統離席時他就會說一些看不起總統的話，但總統一回到位子上，他馬上就阿諛了起來。

我詢問季辛吉，為什麼比起日本人來美國人比較喜歡中國人？他回答說：「中國人會清楚表達意見，而且講理，而你們只會沈默，我們根本搞不清楚你們到底在想什麼」。

尼克森總統的訪中，在季辛吉與毛、周的同意下進行了。

根據解密的美國政府資料，尼克森在季辛吉訪中前，在白宮裡說了「中國因為經濟發展緩慢，所以比蘇聯那些人更沈迷於共產主義裡」，「因此更加危險」。但是，從國內政治上的問題看來，與中國結盟對抗蘇聯的打算，還是快了一步。

在人民大會堂舉辦的尼克森總統歡迎晚宴上，著名的小威廉・法蘭克・巴克利（William Frank Buckley Jr.）作為隨行記者也在場。巴克利是保守派人士，但他寫下了「全員為了和平與友好乾杯時，我看見周恩來瞇眼微笑的神情，想起在雅爾達時，史達林舉杯時也是浮現相同的表情沒有錯。」

田中首相也因國內情況，失去冷靜，向北京參拜，急於樹立日中邦交。我從當時就認台灣

①尼克森是共和黨員。

的存在對日本是必要的，為了台灣人的人權問題，希望台灣能獨立，對於田中首相切割台灣這件事提出了究責。

樹立「日本公式」的田中角榮之重罪

之後，美中合作對抗蘇聯的關係雖然有所強化，但美中邦交正常化卻在不顧中國的焦躁下，考慮到共和黨內與議會中的台灣支持派，及水門事件的發生而延遲了，尼克森總統被迫辭職，在換上福特總統後也沒有實現。

結果，卡特政權在一九七九年建立了美中邦交，美國雖強烈要求在美台間維持領事關係，但中國方面卻喊出了「日本公式①」（日本方法），以日中邦交正常化的前例，堅持「應該遵從日本方法」，於是阻止了美國的要求，日本罪孽深重。

我們把手放在胸前，想著田中內閣製造了「日本公式」的原罪，我們對台灣島民必須有所補償。

根據卡特總統就任後的總統筆記資料，雖然國家安全顧問布里辛斯基（Z. Brzezinski）下達「我們絕不像尼克森、季辛吉那樣，舔著中國屁眼（not kiss ass）」的指示，但季辛吉與周恩來的一連串合意卻已經變成了腳鐐。

然而，國家安全顧問布里辛斯基也跟季辛吉一樣，在中國的吹捧下被完全吸收了。當時的卡特總統在後來公開的日記裡，記載著「他（布里辛斯基）被中國征服（overwhelm）了，我對

① 日文原文為「ジャパン・フォーミュラ」（Japan Formula）。

他說：『你已經被誘惑（seduce）了』。」（一九七八年五月二十六日）

之後，中國大使首次穿著西裝出現在白宮時，布里辛斯基樂觀地讚賞著「服裝的完全轉變（a total satirical transformation），意味著中國意識型態（ideology）的轉換」。

季辛吉如此，布里辛斯基也是如此，無論是中國史還是中國人的精神構造，都沒有經過深入的學習，如果沒有理解中華文明，就無法瞭解中國。

另一方面，卡特總統完全輕蔑台灣的國民黨政權，對台灣來說是一件不幸的事。

我與卡特一家很親近熟悉，一九七六年（昭和五十一年）在總統選舉的民主黨初選時，卡特當時還是無名的喬治亞州州長，被視為有力黑馬後，國民黨的相關人士就接二連三開始贈送貴重禮物給卡特一家，並招待他們到台灣旅行。因為有這樣的事情，卡特總統在當選後，對台灣抱持著嫌惡感。

卡特總統雖舉著「人權外交」的招牌，但中國卻是一個例外。

台灣至今尚未確定的法理地位

日本在進行日中邦交正常化的交涉時，依據當時的日中共同聲明，確實承認中華人民共和國是中國「唯一的合法政府」，但是，日本至今從來沒有承認過台灣是中華人民共和國的一部分。日中邦交正常化時，對於中華人民共和國主張台灣是同國領土「不可分裂的一部分」，日本只做了「十分理解，並且尊重」中國立場的約束，針對台灣的歸屬表達了「堅持基於《波茲坦宣言》第八條的立場」。

台灣的法理地位，在日本根據《波茲坦宣言》接受放棄所有權，並訂立《舊金山和平條約》後，在同盟國決定之前都是處於未定狀態。

之後在日本根據《舊金山和平條約》對台灣放棄「所有的權利」後，《舊金山和平條約》對台灣的歸屬依舊沒有定案。

中華民國在台灣法理地位確定前，根據同盟國間的合意，只是占領台灣而已，時至今日，台灣依舊在中華民國的占領下，在法理上，中華民國並不能稱呼台灣為台灣省。

台灣在法理上，既不是中華人民共和國，也不是中華民國的領土。

占領台灣的中華民國，就算可以主張釣魚台群島是自己國家的領土，但若遵守國際法的話，是無法對台灣主張主權的。

台灣至今仍遭到第二次世界大戰同盟國中的中華民國所占領，在亞洲，台灣與日本北方領土的齒舞島、色丹島、國後島及擇捉島，在法理上至今都還是處於同盟國的占領之下。

二〇〇六年（平成十八年），台灣的有志之士組成了台灣民政府，以原告身份在美國聯邦高等法院①，對美國政府提出告訴，表示對台灣而言，因為第二次世界大戰後的占領仍在持續中，因此台灣居民是沒有國籍的，同時日本對台灣擁有潛在主權。

二〇〇九年（平成二十一年），美國最高法院做出「台灣沒有國際承認之政府，台灣人沒有國籍，生活在政治的煉獄中」的判決，美國政府因為沒有對此判決提出上訴，所以表示承認此判決結果。

①事實上，台灣民政府是先向華盛頓特區的法院提出告訴，控告美國政府，最後才由最高法院判決。

為什麼《開羅宣言》不具法理上的效力？

如前章所述，中華民國對台灣主權的主張，是根據一九四三年十月的《開羅宣言》而來，而《波茲坦宣言》則是引用自《開羅宣言》。

但是，羅斯福（Franklin Delano Roosevelt）總統、邱吉爾（Sir Winston Leonard Spencer Churchill）首相及蔣介石總統齊聚在埃及開羅所發表的《開羅宣言》，雖然稱之為宣言，但卻只是一張根本不具法理約束力的紙張，《波茲坦宣言》又引用《開羅宣言》而在法理上成為不完備的資料。

在帆船（Clipper）來往於太平洋的活躍時代，羅斯福的外公因為與清朝的鴉片貿易而累積了巨富，他從小就對中國懷有憧憬。因為這個緣故，再加上討厭日本，於是把中國視為大國。對照之下，邱吉爾則是清醒地看著中國，覺得中國欠缺當大國的資格。

邱吉爾對於邀請蔣介石來到開羅表現出面有難色，但因為羅斯福堅持，蔣才能夠加入。羅斯福不喜歡蔣，但卻受到宋美齡夫人的魅惑。

羅斯福被派遣為國民黨軍的軍事顧問團團長而前往重慶，根據約瑟夫．史迪威（General Joseph Stilwell）總指揮官的報告書，知道了蔣不但無能，蔣政權更是腐敗至極。史迪威因為蔣的頭型，都叫他「花生」來表達輕蔑。

蔣完全不會講英語，雖然有宋美齡夫人擔任丈夫的翻譯，但羅斯福跟親信透露，他還是不知道蔣到底在想什麼。開羅會議對蔣來說，是最初也是最後的國際舞台。

一九四三年十一月，參與開羅會議的三巨頭。對蔣介石來說是一生一世的重要舞台，但接下來的雅爾達會議並無邀請他。

照片提供｜每日新聞社

宋美齡在美國，以「Soong May-ling」而為民眾所知，唸過美國的衛斯理安學院，以第一名畢業於麻薩諸塞州衛斯理學院。除了美貌之外，還會說流暢的英語，擅長於操控美國人。

說到宋美齡夫人在美國媒體上成為寵兒的事，曾是美國最大新聞週刊的《時代》雜誌，在一九三一年、一九三八年及一九四三年，持續三次都請她擔任封面人物，由此可知美國偏愛中國。

宋夫人在中日戰爭①開始後，趁勢進到美國，在政權、議會及媒體上施加手段，成功從美國手上取得了鉅額的援助。被稱為Soong May-ling的她，穿著開高衩的旗袍，魅惑了美國的輿論。

羅斯福在開羅因為擔心如果沒有滿足蔣，蔣可能會和日本和解，但即使全部亞洲民族都協助日本，在亞洲各民族裡，會跟隨美國戰鬥的也只有蔣政權而已。

而且如果蔣介石與日本談和，中國從對日戰爭中脫離的話，就會變成白人對有色人種的戰爭，所以無論如何都得避開這件事，即使投入鉅額的對華援助，或吹捧蔣介石，也必須留住他。

邱吉爾在戰後也想維持香港和九龍作為英屬殖民地，所以他反對將台灣交給中國，因此拒絕在宣言上署名。

一九三九年，後來成為印度首相的尼赫魯與蔣介石、宋美齡夫婦。夫人以其容貌及語文能力，對形成美國國內的親中言論貢獻良多。

照片提供｜每日新聞社

結果，《開羅宣言》在沒有人署名的狀況下被發表了，怎麼可能有沒有署名的宣言！與其說《開羅宣言》是宣言，還不如說它是不具任何法理約束力、單純的聲明文或是新聞發表資料罷了。

直到蔣總統在一九七五年（昭和五十年）死去之前，美國政府的對台的主事者們，都學史迪威總指揮官，稱蔣總統為「花生」，但是蔣政權在美國冷戰下的戰略考量上是必需的。

羅斯福在一九四五年（昭和二十年）四月突然過世。羅斯福為了經營戰後的世界，而進行了聯合國的創設構想。羅斯福堅持讓中國在聯合國裡擔任常任理事國，並成為擁有否決權的大國之一。邱吉爾雖然反對，但是還是不得不屈服。

①日方原文為「日支事変」。

從美國人永不滿足的欲望中誕生出了中國這個妖怪

美國為什麼對中國有強烈的憧憬呢？其實，這是有很大的理由。

美國是由基督教信仰所建立的國家，因為通商而繁榮的國家。從美國在清朝末期與中國交易開始，就被看似巨大的中國市場所迷惑了。

因為美國是由清教徒所建立的宗教國家，中國對傳教士來說是夢想的大陸。至今，美國與宗教分離的歐洲不同，是宗教心極度虔誠的國家，所以基督教化與獲得市場，是同一件事情。

中國的巨大市場夢與是基督教的處女地這件事，讓美國國民對中國懷抱著浪漫之情。

中國人經由傳教士之手，持續地改信基督教。

但是，因為日本作為市場來說並不足取，所以無論傳教士們怎麼努力，幾乎沒有人改信基督教。

因此，很多在日本傳福音的傳教士之子，開始仇恨日本、對日本產生反感，因為父親明明努力奉獻了，日本人卻沒有任何回報。

看著這些情況長大成人的傳教士之子，從對日戰爭前，就已經在美國政府與軍隊的中樞工作著，試圖對父母親在日本所蒙受的屈辱進行報復。

除此之外，美國人也是高人一等追求快樂的國民，因此，總是希望經由貿易變得豐饒。因為美國是個沒有親屬的移民之國，所以崇尚金錢。然而，日本在戰後也美國化，看輕傳統文化而尊崇起金錢來。跟美國人具備了相同的體質。

由於美國國民追求永不滿足的快樂，所以把到一九七〇年代都還貧窮的中國製造成擁有巨大力量的妖怪。

這跟現在失去安定、威脅世界安全的中東伊斯蘭圈，是沒有什麼兩樣的。先進國家追求永不滿足的快樂，浪費大量的石油，製造出伊斯蘭圈這個妖怪。

物欲跟石油的詛咒，生出了中國與中東這兩個怪物。

第一次世界大戰是一個契機，與德國同盟戰鬥的土耳其帝國敗戰，原本由土耳其帝國所統治的中東，被歐洲列強所分割而統治。於是，土耳其的革新政權登場，以推翻帝政為首，從以往被稱為波斯（Persia）的伊朗開始，到第二次世界大戰後的埃及，以及新獨立的伊斯蘭各國，伊斯蘭被視為阻礙近代化發展的落伍東西，接二連三從國家上層開始進行去伊斯蘭政策。

但是因為在一九七〇年代發生了兩次「石油危機」，導致原本便宜的原油價格一口氣飆升，在鉅額的金錢流入中東的同時，已開發國家因為想要石油，總統、首相及大企業的經營者突然轉變以前的態度，為了獲得石油，競相前往中東朝聖磕頭。

因此，對西洋抱持自卑感而悔恨的伊斯蘭各國國民恢復了自信心，而且，突然之間，伊斯蘭教的力量復甦了。如果，中東沒有產石油，就只有讓駱駝徘徊的廣大沙漠跟只能生長椰棗的地區的話，就算再怎麼陷入混亂，也不會動搖全世界吧？

損害國家利益的外務省中國病患者

一九九二年（平成四年）八月，宮澤喜一內閣針對天皇訪中一事，邀請了十四位專家學者前往首相官邸，聽取個別的意見，我也是受邀的其中一人。我表示了反對意見：

「天皇到國外出巡，是為了代表日本給予該國祝福才前往，像中國這種在國內蹂躪人權的國家，不適合前往。」

「中國在二月實施了將我國釣魚台群島包含在其領土內的領海法，進行訪中的話就會變成允許這件事情。」

「中國強行擴軍，對日本的威脅將日漸擴大。」

在前一個月，外務省的中國課長樽井澄夫拜訪了我的辦公室。

「有件事情想請您幫忙。我是領取公費到中國去留學的，從那時開始，我就發誓要奉獻一生給日中友好這件事。請您到官邸時，不要對天皇訪中提出反對意見。」他誠懇地拜託我。

我對他詢問了天安門事件後，中國壓制人權的問題，他平靜不為所動地說「在天安門事件之前，中國根本就沒有人權」。中國當時剛好強行實施水中核爆實驗，我也詢問了關於水中核爆實驗的問題，他回答我「那是軍隊不聽中央指示所為之事」。

我對他說：「你要為日中友好奉獻你的一生，那是你個人的事，跟我國的國家利益是完全不相干的事情，我打算反對天皇訪中這件事。」他聽了很失望，悄然而歸。

現在，樽井先生是在台北工作的交流協會代表，我想，如果他是去台北留學而非北京的話就好了。

說到日美外務省的相關共通點，日本外務省的別名是「霞之關」，而在美國也有同等於外務省的國務院，位在波多馬克河畔易於起霧之地，被稱為「霧之關」（Foggy Bottom）。

另一個共通點是，兩國的外交官都被其他的部會所厭惡。

這也許是外交官的宿命吧！成為某一個外國的專家時，就會出現被這個國家所魅惑的情況發生。於是，就容易陷入為這個國家說話的陷阱裡。

如果，我到南洋的某個國家留學，喜歡上這個國家，奮力學習這個國家的文化和語言，假如當上了外交官，一定會連獵人頭這種以前的吃人習俗也包含在內，對這個國家抱持著強烈的親近感，然後著迷於這個國家，忘記了日本的國家利益。

很遺憾，日本的外務省裡也有很多變成國籍不明的犧牲者。

日本人也好，美國人也好，因為都是島國的人民，對外國語言並不在行。美國是一個大島，因此，奮力學習好外國語言後，原本只是道具的語言，卻讓人變成這個外國語言的俘虜，被道具所輕易擺弄，在美國也有很多這樣的人。

關於釣魚台群島，民主黨政權的怯懦姿態

釣魚台群島無疑是日本的領土，日本政府從一八八五年（明治十八年）開始進行釣魚台群島的實地勘查，對該島是不在清朝統治下的無人島一事做了慎重的確認，並經過了十年，才終於收編為領土。

到了現在，中國才主張日本是從清朝手上掠奪而來，大聲嚷嚷著「日本竊取」。但是中國開始主張釣魚台群島的所有權，卻是在一九七一年（昭和四十六年）①，聯合國亞洲暨遠東區經濟委員會（ＥＣＡＦＥ）發表了在東海海底蘊藏著巨大的天然氣田與油田之後的事情。

隔年，田中首相去到北京，達成了日中邦交正常化。

田中首相提到釣魚台群島的事情，周恩來總理慌張地說「不想在這裡處理這件事」，逃開這個話題，而田中首相也因著急於邦交正常化一事，頷首了此事。

一九七八年（昭和五十三年）十月，曾是中國最高權力者的鄧小平副總理，在訪日的六個月前，中國的百艘漁船包圍了釣魚台群島，讓日本政府慌張失措。

鄧副總理來到日本後，對釣魚台群島的領土問題，提議「根據一九七二年的合意先行擱置」。

①關於聯合國亞洲暨遠東區經濟委員會發表這篇報告的時間點，目前有一九六九年與一九七一年兩種說法，日本方面的資訊似乎是一九七一比較常見。

對於這樣不存在的共識，日本原本應該堅決否定，但卻在中國的諂媚下，忘了領土是國家的根本，而接受了這件事，因此，為現在留下了重大禍根。

釣魚台群島中的釣魚台②，到一九四〇年（昭和十五年）為止，有一百名以上的日本人居住，經營柴魚片工廠，採取信天翁的羽毛，島上也有過世居民的墳墓。

中國在一九九二年（平成四年）制定了把釣魚台群島納入自己國土的「領海法」，毀棄了自己所提出的「擱置提議」。即使發生這件事，宮澤喜一內閣還是決定了天皇在這年秋天訪中一事。

之後，中國人的政治活動團體非法侵入釣魚台群島海域的事件層出不窮，日本政府逮捕、拘留了以侵害我國主權為目的而登上釣魚台的中國、香港政治活動者，卻因為害怕刺激中國而釋放了他們。

政府不只是對日本國民，連釣魚台群島是沖繩縣石垣島市的一部分都不管，說會因此改變現狀，禁止石垣島市的職員登上釣魚台群島，既然是日本領土，就不該禁止日本國民登島才是。

野田內閣也高唱釣魚台群島的「平穩且安定的管理」，自始至終採取無為政策。這種怯懦的姿態，根本無法帶來「平穩」、「安定的」狀況，相反地，只是讓中國更加倨傲罷了。

野田內閣在二〇一二年九月，決定將釣魚台群島國有化後，整個中國的反日暴動狂暴而起。

經由日本大型媒體的報導，擴大散布了因為政府決定國有化，破壞了「擱置提議」的現狀，而引起了中國反日暴動的看法。

這完全是荒唐的指控。在半年前③的三月十六日，歸屬於中國國家海洋局的海洋監視船「海監50」與另一艘中國的國家船隻，在釣魚台群島海域侵犯了日本領海，對此行為，我國海上保安廳的巡視船進行了警告，對方回答「包含釣魚島（中國對釣魚台的稱呼）與其他島都是中國的領土」，反過來要求巡視船撤離。

到這時為止，中國的國家船隻還沒有過如此旁若無人的行動。中國從一九七八年（昭和五十三年）以後，接二連三地破壞了「擱置提議」的合意。

②日方原文說法為「魚釣島」。
③指二〇一二年。

鳩山與丹羽兩位都適用於刑法「援助外患罪」

二〇一二年十一月，習近平總書記兼中央軍事委員會主席在就任時，以「堅持將軍事鬥爭的準備做為最重要的方針，並堅守國家主權與安全，及發展利益」喊話。

二〇一三年一月，因為國務卿希拉蕊．柯林頓（Hillary Clinton）發表了，釣魚台群島「只要在日本的施政下」，若是受到外國侵犯的話，將成為《美日安保條約》的對象，從日本政府到媒體及國民都放了心。

但是，柯林頓國務卿並沒有說，當日本領土遭受侵略時美國會進行保護。假如變成外國侵犯日本領土，美軍就要出動的話，那麼獨島①與北方領土也不得不變成相同的對象了。

六月，前首相鳩山由紀夫接受香港電視訪問時，表示「釣魚台群島被認為是日本從中國手上偷來的，這也是沒辦法的事情。因為《開羅宣言》就這麼寫著，從中國的角度來看，當然是成立的。」他又一如往常讓日本國民傻眼。

說到丹羽宇一郎先生，是由民主黨政權任命為駐中國大使，從二〇一〇年（平成二十二）開始進駐北京執行公務長達兩年以上。丹羽先生在被任命為大使前，與作家深田祐介先生進行了對談，提出「日本應該成為中國附屬國」的說法。

深田先生在月刊雜誌投稿了如下的內容：

「我重新回想起，在採訪現任中國大使丹羽宇一郎先生時的驚愕與激憤。

當時，現任中國大使的丹羽是日本一流商社伊藤忠商事的幹部，被中國熱迷得神魂顛倒，幾近發狂的陶醉狀態。丹羽先生對著我明確地說『將來是大中華圈時代的到臨』。我反問了『那日本的立場將會如何轉變？』丹羽先生自信滿滿地斷言『日本只要以中國的附屬國活下去就可以了』。在那瞬間，我以爲自己聽錯了，想說『這個人是得了癡呆症嗎？』

我再度反問『日本非得作爲中國的附屬國嗎？』。他再度回答說『這是日本幸福且安全的生存之道』。

把這種癡呆症的人物——也就是『賣國奴』——送去當中國大使的感覺，也像是得了癡呆症般，說是陷入發狂狀態也不爲過。」（《WiLL》，二〇一二年七月號）

丹羽大使在任時，與月刊雜誌《WiLL》的花田紀凱總編輯會面談話時，對於「南京大屠殺」，他說「死者人數不知道是三十萬人、二十萬人，還是十萬人，但只要爭論的話，對（日中）兩國都是損害」。

接著，二〇一二年十一月，在北京的日本人記者俱樂部裡，他說了「到現在還說出『沒有領土問題』②這種話，可是全世界的笑柄喔。從國外看來，日本就像是掏出小雞雞在那裡吵鬧一般」的發言。

①日方原文稱為「竹島」。

關於所謂的「南京大屠殺」，有很多客觀、優秀的研究存在，也證明了這是經由中國國民黨的謀略所捏造、沒有事實根據的事情。我也參加了查證的工作，日本國內的「南京大屠殺派」一開始就對中國的宣傳囫圇吞棗，提出了像是「三十萬人」或「十萬人」的數字。直至今日所進行的研究結果顯示，人數已經減少到最多只有兩、三萬人。

在日中邦交正常化前，像鳩山先生、丹羽先生這種媚中派，就開始大大地扭曲了至今的日中關係。

翻開《六法全書》，至今刑法裡仍有「外患誘致罪」與「外患援助罪」的規定。所謂外患，是指遭受來自外國的侵略攻擊或紛爭的意思。

刑法第八十一條規定「〈外患誘致〉與外國通謀使其對日本國行使武力者，處以死刑」，第八十二條規定「〈外患援助〉外國對日本國行使武力時，支持、加入其軍隊，或給予其他軍事上利益者，處以死刑、無期徒刑或兩年以上的有期徒刑。」

接著，第八十八條規定「〈外患預備．陰謀〉預備及謀策第八十一條與第八十二條所記載之罪者，處以一年以上十年以下的有期徒刑。」

以鳩山先生與丹羽先生為首，這些幫助外國侵略的不法者，難道不該適用於「外患援助罪」嗎？

②日本政府對於釣魚台的主權問題，一直以來都以「不存在領土問題」的主張來強調日本對於擁有釣魚台群島的正當性。

等待「防衛出動」命令就來不及了

二〇一三年五月，我在餐會的席次上，剛好與航空自衛隊的幹部比鄰而坐。恰巧，這一天有三艘中國的海洋監視船包圍了釣魚台群島，侵犯了我國領海，其中一艘船還搭載了直昇機。因為海上保安廳邀請我擔任「政策顧問」，所以學到了關於巡視船的事。

我詢問了航空自衛隊的幹部，「如果中國的海洋監視船，從機庫裡拉出直昇機，載了二十個武裝的海上民兵，降落在釣魚台的話，自衛隊會怎麼處理？」中國的漁民大多身兼海上民兵。這位幹部說：「這種情況的話，（航空自衛隊的）F－15（戰鬥機）從那霸緊急起飛，十五分鐘後可以抵達釣魚台的上空。」

我又說了，「可是，從海洋監視船起飛的直昇機，把民兵降落到島上，再回到母船，收進機庫裡，花不到十分鐘吧？這樣就會變成我們的F－15要在武裝人員占領釣魚台後，才會抵達上空。」他以「如果是這樣的話，只能束手無策了」回答了我。

經由民兵在釣魚台插上隨風飄揚的五星旗，相反地，日本政府至今都還沒在釣魚台群島上讓日本國旗飄揚過。

一旦讓中國民兵占據了釣魚台，為了奪還就必須要有交戰的覺悟，這已不是警察與海上保安廳能夠處理的，而當政府在協議如何處理應對時，會有更多的民兵被送往島上去。

自衛隊在舉行內閣會議後，經過國會決議，到發出「防衛出動」①命令前，都只能為了排除侵略而出動，無法進行攻擊。假設，海上保安廳的巡視船遭受攻擊的話，海上自衛隊的護衛艦，就算近在眼前，在「防衛出動」命令發布前，也只能袖手旁觀。

日本的防衛法規有重大缺陷，全世界的「防衛出動」規定裡，只有日本對現地部隊綁手綁腳。其他外國的現地部隊都是依據指揮官的判斷就能使用武器。自衛隊在面臨緊急事態時，是完全無法發揮機能的軍隊。

在這段期間內，中國就能對以釣魚台為首的釣魚台群島「進行實效支配」，並大肆宣傳。若變成如此，連靠山的美國也只能袖手旁觀了。

一旦，想奪回被外國武裝戰力所占領的島嶼時，一定會付出很大的犧牲，若沒有流血的覺悟是不行的。這對戰後的日本，將會成為頭一回的決斷。

我從三十多年前開始，就主張應該在釣魚台上讓陸上自衛隊的一個中隊交替留駐才是。二十年前的話，中國不得不接受吧？但是，現在日本國內輿論，不允許自衛隊在釣魚台群島留駐。既然如此，就應該讓海上保安官常駐才是。

美國為了財政重建，必須在未來十年削減聯邦支出的一兆二千億美元（約一百一十兆日幣），這其中有一半是國防費用，美國已經無法對中東及亞洲保有二方同時作戰的能力而明顯退縮。

因此美國害怕日本會刺激中國，而日中會因為釣魚台群島而發生武力衝突。美國至今仍被中國的經濟力所魅惑，因為不想跟中國對決而無法下定決心。

美國對中國的姿勢是矛盾的，想跟中國當朋友的同時，又覺得它是敵人。因此，在美語中造了一個指稱中國的奇妙新詞 frenemy，也經常出現在媒體上。把朋友「friend」與敵人「enemy」合成為一個詞，也表現出了美國錯亂的中國觀，「China」跟「America」所合成的「Chimerica」也頻繁被使用。

中國對野田內閣將釣魚台群島國有化感到嫌惡，在日中關係惡化時，又毫無顧慮地在全國策劃反日暴動，還持續煽動有關釣魚台群島的軍事緊張。

野田內閣之所以會將釣魚台群島國有化，是為了避免招致中國怒火的緊急避難措施。因為如果被東京都買下的話②，一定會在釣魚台建設避風港與燈塔等等。所以對政府來說，中國脫離常識的反彈完全在預料之外。

習近平為了確立權力的基礎，必須穩穩將軍權掌握在自己手裡才行，為了達到目的，演出與日本的軍事對決就成了必要之事。這與鄧小平以前為了鞏固權力，在一九七九年（昭和五十四年）時，以「對越南施加懲罰」為名，策劃了中越戰爭是一樣的手法。

①「防衛出動」命令是，當外部對日本發動武力攻擊時，或是在判明會發生武力攻擊時，出現迫切危險必需防衛日本時，根據內閣總理大臣的命令，可以出動部分或是全體的自衛隊。

②日本野田內閣會將釣魚台群島國有化的導火線是，二〇一二年屬於日本鷹派的東京都知事石原慎太郎，在美國華府宣稱已積極安排買下釣魚台群島的事宜，想藉此捍衛日本領土主權，後來便積極著手進行，於是野田內閣便在事情成真之前將釣魚台收為國有，以免經由石原慎太郎而激怒中國，沒想到事情的發展卻與野田內閣所預想的完全相反。

毛澤東講明了「槍桿子出政權」，經由槍桿子維持政權，支撐著對外關係這件事，在今天的中國也沒有一點變。

中國古代諺語不是說了「騎虎難下」嗎?現在習近平就是因為跨坐在虎背上疾奔，所以無法下到地上來。

因民進黨政權誕生而提高的台獨氣勢

二〇〇〇年（平成十二年）的總統大選，民主進步黨的候選人陳水扁勝利當選，在民進黨政權的登場下，畫下了自國民黨政權占領台灣以來，國民黨持續實行一黨獨大體制的休止符。

民進黨在蔣介石死後的一九八六年（昭和六十一年），被認可組成在野黨並完成組黨，身為台灣獨立運動的政黨，在黨綱中明定台灣的前途由台灣全體住民決定，也就是「台灣的住民自決」。隔年，解除一九四九年後實施了將近四十年的戒嚴令。

民進黨在總統大選的前年，修改了一九九一年（平成三年）於全國黨員代表大會上所增列要建立「主權獨立自主的台灣共和國」之黨綱①。

陳水扁先生，一九五〇年（昭和二十五年）出生於台南市，在一九九四年（平成六年）被選上成為民進黨的台北市長。當選隔年的十月二十五日，將位於總統府前廣場，由國民黨政權將台灣從日本「解放」並慶祝「回歸中國」的光復節紀念集會標語，改為「落地生根、終戰五十週年」，硬是不使用「光復」這個詞。

「落地生根」是指，很久之前從大陸渡海到台灣來，而現在這裡就是我們的故鄉之意。國民黨政權的李登輝總統，作為總統府的主人也出席了這個紀念集會。

這一年是日本敗戰後，自蔣介石軍隊占領台灣以來的半個世紀，對民進黨來說，並不是「光

①指一九九九年民進黨在第八屆第二次全國黨員代表大會上制定〈台灣前途決議文〉一事。

復」，而是「終戰之年」。

「光復」是指台灣回到祖國中國，光芒再度復甦之意。在當時的七個月前是《馬關條約》（甲午戰爭後的講和條約）的一百週年紀念日，民進黨與台灣獨立運動聯盟等諸多團體在台北市內共同舉辦了「與中國訣別」的宣言大會，並舉行遊行。

「光復節」的一星期後，以台北、台中、台南、高雄為首的主要都市，接二連三地舉行了「我是台灣人」的集會與大規模的遊行。

陳水扁總統在二〇〇四年連任總統這件事，讓我放了心。台灣是把中國這條恐怖的龍關在柵欄裡的門閂，中國到現在都還反覆恫嚇「只要台灣宣布獨立，就會行使武力」。

因為陳總統的連任，中國與台灣的關係想當然爾是緊張的。

為什麼美台關係陷入僵局？

在布希政權① 登場後，修正了柯林頓前政權的親中政策，所以台美關係被預期會有良好的發展。

布希總統在二〇〇一年（平成十三年）就任時，將中國從柯林頓政權的「戰略夥伴」改稱為「戰略的競爭對手」，明言「將用任何手段防衛台灣」。一邊供給台灣現代武器，一邊在美國國內舉辦美台高級軍事協議，布希總統看起來就像是台灣的「守護天使」。

但是，布希政權在開始八個月後，因為同時發生了多起恐怖事件②，紐約的世界貿易中心與位在華盛頓的國防部都遭到襲擊，於是對中姿態大幅度轉變，把中國放在「對國際恐怖主義宣戰」的夥伴位置上，拉近美中關係。另一方面，美國的經濟界更加被中國的巨大市場迷惑了。

一旦布希政權接近中國，台美關係就變得緊張。

布希總統在二〇〇三年（平成十五年）十二月迎接中國總理溫家寶時，明言「不允許台灣改變台灣海峽的現狀」，給台北帶來了衝擊。果然，台灣只是美國戰略上的一顆棋子而已。

在那一個月前，在陳總統的提議下，台灣國會通過了公投法，布希總統看到陳水扁政權想藉由公投走向台獨而感到不悅。

① 一般會以「老布希」與「小布希」的稱呼來區分布希父子，但是在這裡的文章脈絡下並不會產生混淆與誤會，所以維持原作者的稱呼方式。

② 指「911恐怖襲擊事件」。

於是布希政權清楚說明，如果台灣受到大陸攻擊時，美國會保衛台灣，但在台灣宣布獨立的狀況下，美國不會進行防衛。

到了一月，針對三月總統大選合併舉行公投一事，陳總統為了避免刺激美國，把論點集中在「中國如果不撤掉對台灣部署的飛彈，是否應該強化台灣對飛彈的防衛能力？」與「是否應該進行台中協商，推動和平安定的交流架構，追求台灣及中國人民的福祉？」這兩點上。國務卿鮑爾在當天稍後，對這個發表譏諷地表示「稍微出現一些柔軟度了嘛」。

美台關係會陷入僵局的一個重大原因是，陳政權缺乏收集華盛頓內部情報的能力。台灣長年以來都是外省人掌權，擁有純熟外交經驗的台灣人人才不足。

因為如果不是富裕的外省人，是無法進到美國一流學校學習的，所以外省人以菁英之姿支配著外交部，掌握了美國的人脈，外省人沒有代表陳政權的利益發聲。

美國方面也有責任，布希政權在當時的兩年前，起用了夏馨（Therese Shaheen）作為美國在台協會（AIT）的會長。她因為熟識布希總統的弟弟，即佛羅里達州州長傑布．布希（John Ellis "Jeb" Bush）而被任命，但她是商界出身，對外交完全是門外漢。

夏馨會長有太多不正確的發言，二〇〇三年訪台時，誤傳了布希政權不反對公投，之後在報紙上又說「布希總統不反對台灣獨立」，二〇〇四年（平成十六年）三月還在總統大選時不顧國務院的意向，立刻對台灣方面傳達了祝賀陳水扁總統完成連任之意。

布希政權對陳政權抱著「不知道他到底要做什麼」的看法，而漸漸加深了不信任感，台美間的相互了解並不充分。

而且，美國國會難得這麼擁護台灣，陳政權卻不管參眾議員的強大勢力存在，沒有在舉行公投這件事情上，對這些議員充分說明，積極爭取美國國會內部的支持，實在是令人遺憾。若是能如此，應該就不會遭遇政府的強烈反對吧③。

二〇〇四年（平成十六年）十月，國務卿鮑爾明白指出「台灣不是一個獨立的國家，它不享有國家的主權，這是美國的政策。」這雖然與美國到一九七九年（昭和五十四年）為止承認中華民國存在的事實互相矛盾，不過不管是中華民國，還是中華人民共和國，美國從來沒有承認過台灣是屬於中國的。

日本當然是持續對台灣抱持著冷淡的態度，不關心台灣會變成什麼樣子，因為日本就是美國的附屬國，所以不會去關心另一個附屬國。

③這裡作者的意思是，如果有經過妥善的溝通，美國雖然表面上會反對，但不會採用政府的立場來直接表達強烈的反對，而是透過其他方式來表達。

對台灣太過無知的美國人

二〇〇四年（平成十六年）美國總統大選時，已確定為民主黨候選人的參議院議員約翰·克里（John Forbes Kerry），在初選中發表了「台灣應該接受中國提倡的一國兩制」這樣欠缺常識的發言。而這位約翰·克里在二〇一三年被歐巴馬總統任命為國務卿。

我跟熟識的美國友人說明，應該支持台灣將憲法修改成適合現狀的憲法。但是包含記者在內，即使是對台灣感到同情的人們，也對台灣一無所知的這件事，讓我感到非常驚訝。

幾乎所有的人，在聽完我的說明之前，根本都不瞭解中華民國跟台灣還有本省人跟外省人的區別，也不知道占了總人口百分之八十的本省人，到蔣經國政權為止，都是處在占領狀態下的事實，而中華民國憲法至今還將內蒙古、新疆、西藏視為領土。

中華民國憲法是蔣介石政權還在南京時，於一九四六年（昭和二十一年）十二月所制定的，其中第四條規定「中華民國的領土，是根據固有領域而來。若非經由國民大會決議，無法進行變更。」現行憲法在制定之初，就沒有將台灣規定為領土。

中華民國憲法在國民黨政權支配台灣後，至今雖然經過多次修改，但因為被從大陸驅逐至此，無法召開國民大會，所以今天還無法對領土項目進行修正。

正因為如此，台灣不曾是中華民國的領土，中國對台灣的主張也一樣毫無根據。

一九九三年，中國的全國人大制定了「反國家分裂法」。「反國家分裂法」是在視台灣為中國一部分的前提下而存在，但是即使中國曾經短暫統治過台灣，也不能說台灣就是中國的固有領土，更不用說台灣根本不曾屬於中華人民共和國的一部分。

即使如此，這條法律裡規定，只要台灣計畫「獨立」，就會對台灣使用「非和平方式」。中國在那裡大聲嚷著「國家分裂」，但從一開始就不是一國，又何來分裂呢？是得了「精神分裂」吧。

美國人對於台灣大多數國民都不是漢族這件事，及北京話對台灣大多數國民來說是被強制學習的事情都一無所知。

美國的友人們，對於陳總統在二〇〇六年（平成十八年）舉行了關於修憲的公投，承諾兩年後進行修憲，將國號從中華民國改成台灣，國土範圍只限於台灣與周邊島嶼一事，無法認可。但是他們對我說，如果新憲法的內容，只進行到為民主而修憲的話，就不反對。

我提出反論說，只要台灣不放棄「一個中國」的原則，就算根據台灣國民的意願將國名改為「台灣」，國土只限於台灣本島與周邊島嶼，也無法改變現狀，反對遵從民主程序修憲，這將會成為干涉民主國家的內政。

現在的美國，在卡特政權之下承認中國時，國會所立的《台灣關係法》（ＴＲＡ），不是就稱呼「台灣」了嗎？

就算要講「一個中國」的原則，再怎麼說，那都是美國為了保護台灣所虛構出來的，而「一個中國」無論是中華人民共和國，還是中華民國，也都只有主張「中國只有一個」，都不是台灣屬於共產中國的意思。

大多數台灣國民希望放棄「一個中國」的原則，是能夠理解的。但是，這無法立即實現，因為尊重這個前提，已經成為對台灣安全不可欠缺的事情。

台灣急著捨棄「一個中國」的原則，對台美關係來說是危險的，美國對台灣尋求獨立的「暴走」行為，已經反覆提出了警告。

台灣的安全只在美國的一念之間

二〇〇四年（平成十六年）十一月，身為台北執政黨的民進黨智囊團「台灣智庫」主辦了日本、印度與台灣三國的協調摸索會議，我也參與其中。我受台灣政府委託，說服我多年的同志——前印度國防部長費南德斯（Fernandes）——從印度來到台灣。印度在國防部長費南德斯的領導下，為了對抗中國，斷然實行核武。

我也曾多次造訪印度，總統府和國防部位於以前英國統治時代的壯麗總督府建物裡，當然，裡頭沒有裝飾歷代英國總督的相片。

我跟前國防部長費南德斯說到，台灣的總統府裡還展示著歷代日本總督的肖像照片時，他吃了一驚。

我在這個會議中，先說了一段自己的意見：很遺憾，萬一台灣遭受到來自中國的攻擊，就算是亞洲國家的日本與印度，也無法對台灣提供軍事援助，因為只有美國可以對台灣提供先進的防衛武器，也只有美國可以透過軍事介入進行保護，台灣的安全就是只跟美國的意思息息相關。

從布希總統開始，美國政權的中樞、國會、研究所及新聞界有力人士，幾乎全員都完全不知道關於台灣的真實。

不僅不具備區別台灣跟中華民國的能力，也對第二次世界大戰後，台灣島民再度受到外國——在國共內戰中失敗的蔣介石政權——支配的現實缺乏理解。

這些人就算知道「南京大屠殺」（雖然為中國所捏造）、中國天安門事件、西藏超過二十萬人的屠殺事件，以及勃列日涅夫的蘇聯在一九六八年侵略捷克，還是對台灣的二二八事件一無所知。

為了亞洲的和平，一定要保護台灣。印度因為尼赫魯總理被周恩來總理的「和平五原則」所欺騙，而陶醉在「INDO CHINA BAIBAI①」（即印地語的「印度跟中國是兄弟」）的幻想裡，因此在中印邊境鬆懈防衛時，被中國奇襲吃了敗仗。

因為中印戰爭，印度至今，仍被中國奪走了相當於日本九州面積兩倍大的拉達克地方②。原本健康狀況就已不佳的尼赫魯總理，於隔年去世。但也有他是被中國欺騙而遭受精神打擊，導致他早逝的說法。

因此，我說，日本的有志者應該與深愛印度自由的人們一起，抓住任何一個機會，對美國重要人士啟蒙關於台灣的真實，並努力說服輿論才是。

在陳水扁政權當政後，我回到台灣時③，代表台灣大門的「中正（蔣介石的雅號④）機場」已經改名為「桃園機場」，桃園是地名。

造訪敦化北路的圓環時，替換兒玉源太郎總督頭部的蔣介石騎馬銅像消失了，據說全島有三萬尊蔣介石的銅像，全都被撤掉了。

在陳水扁政權下，邁向台灣獨立的氣勢達到了最高點。

就像把中華郵政改成台灣郵政一樣，丟掉那些開頭是中國、中華的名稱，改名成台灣的正名運動也沸騰高昂了。

但是，台灣國民追求獨立的氣勢，因與美國背對相向而漸漸失去了力道。

① 日文原文是以片假名標出印度語的發音。

② 此處的資訊有誤，拉達克（Ladakh）地方雖然同處中印邊界，但並非中印戰爭之處，正確應該是處於藏南的達旺（Dawang）地區。另外，中國雖然在戰勝後占領了這個區域，但在雙方停火後就已撤兵，所以印度雖然打敗戰，但在中國退兵後，這個區域有百分之六十八的面積依然由印度在治理，而中國則保有面積百分之三十二的阿克賽欽領土，所以作者這裡所說的印度現況並非事實。

③ 這裡作者的確是用「回到台灣」，日文原文為「台湾へ戻った」。

④「中正」不是蔣介石的雅號，是他的名字。

第4章 馬英九政權的未來走向

——台灣現在正在發生什麼事？

馬英九政權的誕生

二〇〇八年（平成二十年）的總統大選中，由候選人馬英九領導的國民黨（正式名稱為中國國民黨），奪回睽違八年的政權，東山再起。美國阻擋台灣獨立的氣勢，大大挫傷了民進黨的氣力。

馬英九總統出生於香港的「唐山」，即使現在，台灣的外省人依舊掌控了近百分之九十的媒體，具有強大的影響力。

馬總統上任以來，對中國採取融合政策，在台灣升高對中國經濟依賴度的同時，也逐漸開始向中國靠攏。

馬英九政權在打出「不統、不獨、不武」（不統一、不獨立、不使用武力）的口號時，民進黨也從黨綱中刪除了「台灣獨立」。

之後大多數的台灣人，都希望能夠維持現狀，就和日本一樣，日本國民中的多數人，都希望能在美國的保護下，以美國的附屬國繼續維持「和平國家」的現狀。

台灣人因為蔣政權，經由外省人實施教育而中國化，完全喪失了日本時代受教的「忠君愛國」精神，這與日本國民因為戰後教育而喪失過去的「日本精神」，是相同的狀況。

在日本也有很多國民，有安於作為美國附屬國的性格，想要謹守「和平憲法」，台灣人與這樣的日本人相似，並不難理解。

二〇一二年於總統大選連任的馬英九先生。他將會帶領今後的台灣走向哪個方向呢？他背後掛著的是孫文的肖像。

照片提供｜每日新聞社

儘管如此，台灣壓倒性的多數國民並不希望統一——台灣遭中國併吞。民意調查中，回答自己是台灣人，而不是中國人的民眾，占了大多數。

在台灣，有本省人及外省人的二分法，但時至今日已經不是省籍的問題，而是自認為台灣人，還是被看成中國人的差別。

在台灣出生、受教育長大的外省人中，認定自己是台灣人的有很多，但日常使用的台灣話當中，也開始混入了許多北京話。

日本周邊的狀況，與一百二十多年前的甲午戰爭前夕非常相似。

現今，朝鮮半島因為背負經濟失敗的北朝鮮，處於非常不穩定的狀態。北朝鮮在中國的支援下保住了命脈。雖然外界認為北韓的金家體制崩壞，只是時間上的問題，然而歷史告訴我們，當「異常的體制」崩壞時，就容易引發異常的事態。

說到與甲午戰爭前夕相似，中國也是一樣。現在的中國與清朝末期，有許多相符之處，在強勢擴充軍備的同時，也造成貧富差距擴大，王朝與官員腐敗讓暴動發生不止，經濟的骨架正在崩潰。

清朝努力建設海軍，以「定遠」與「鎮遠」兩艘巨大的戰艦為中心而誇耀北洋艦隊。一八九一年（明治二十四年），北洋艦隊的丁汝昌提督，率領包括「定遠」、「鎮遠」等六艘新銳軍艦，以親善訪問的名義進入東京灣，震懾了日本國民。但是，在三年後甲午戰爭的戰鬥，就讓人明白這只不過是紙老虎罷了。

北洋艦隊在黃海海戰中蒙受嚴重損傷，逃入威海衛軍港後投降。

甲午戰爭前夕的日本，才剛從鎖國中覺醒，今日的日本，同樣受迫於四周現實，要從「一國和平主義」① 的鎖國長眠中醒來。

① 日本憲法第九條中的用語，限定日本作為和平主義的一國。

因為美中的軍事平衡而遭到玩弄的台灣

二〇一三年的夏天，我在華盛頓度過，美國正要從超級大國的地位上跌落下來。進入歐巴馬政權第二屆任期的美國，喪失了壓倒性軍事實力的優勢，身為超級大國的意志力減退，而不知所措，因此外交政策的焦點也無法確立。

美國已經不是以往的美國了，美國的自畫像開始變得模糊不清，喪失了領導世界的自信。在此同時，中國共產黨政權為了保全性命，正想要掌握亞洲的霸權。北京政權若是對台灣獨立袖手旁觀的話，占國土比例百分之六十的少數民族，也都會仿效台灣，要求從中央分離獨立，若是這樣，中國很有可能就會解體。

歐巴馬政權甫上台時，採取與中國合作（engage）的「交往政策」（Engagement）①，但中國的威脅開始升高，於是美國將對外戰略的主軸移至亞洲，打出「戰略重心向亞太轉移」（Asia Pivot）②的戰略，表示到二〇二〇年為止將會把百分之六十的美國海軍戰力集中移往亞太地區。但就在歐巴馬政權進入第二任時，因為顧慮中國，便將「重心」（Pivot）③改為「再平衡」（Rebalance）④。

現在中東情勢升溫。美國身為基督教國家，七次十字軍東征的記憶代代烙印，比起亞洲，美國至今都更重視中東。美國與以色列本為一體，無論發生什麼事，美國都必須守護以色列。倘若中東情勢陷入危機，美國就無法將主軸移至亞洲吧。

歐巴馬總統是在二〇一一年十一月，於澳州議會演說時發表了「戰略重心向亞太轉移」的戰略。

歐巴馬總統提到，美國是太平洋國家，「美國將堅持其核心原則，並與同盟各國及友好國家緊密合作，為了促進太平洋地區的將來，美國將發揮更大、更長期的作用，這是我所實行的戰略性決策」，他打出強化安全保障、擴大經濟繁榮及擁護人權這三個新亞洲政策的支柱。

而且在強化亞洲安全保障之際，能夠深化包括澳洲、日本、韓國、菲律賓、泰國這五個同盟國，以及其他的東南亞國家的合作關係，以連結美國軍事設備，在提升各國軍事能力的同時，尋求與國際機構之間的合作。

但是在這篇演說中，不僅沒有提到台灣在阻止中國的太平洋霸權中，扮演何等何等重要的角色，甚至完全沒有提及台灣。

在中國軍備擴張的同時，中國與台灣的軍事實力差距，也越加擴大。中國在軍備擴張上狂奔，軍事費用每年以二位數增加。二〇〇一年以後，面對中國以年平均百分之十二點二的幅度增加，台灣的國防經費卻只有平均百分之零點五的微幅增加。

---

①中文也有譯為「接觸政策」者。
②中文多譯作「重返亞洲戰略」或「向亞洲轉向戰略」或「亞洲軸心」。
③「Pivot」一般是「樞軸」、「中心點」或「中心人物」的意思，在籃球運動裡，指中鋒的位置，一般推測歐巴馬採用這個詞與他熱愛籃球有關。
④即將「戰略重心向亞太轉移」（Asia Pivot）戰略改為「亞洲再平衡」（Asia Rebalance）。

我認為台灣在增加國防費用的同時，美國也應該像對日本及韓國一樣，提供最新武器給台灣。

採用「境外對決」戰略的台灣

日本與台灣兩個島國所處的狀況極為相似。

許多台灣人希望能夠修改第二次世界大戰後，蔣介石政權以武力占領台灣並強迫使用的占領憲法，現在的中華民國憲法即占領憲法。

日本國憲法也和現在統治台灣的中華民國憲法一樣，是偽憲法，而偽憲法也讓日本與台灣成為虛假的國家。

台灣軍隊至今都是貫徹消極防禦①，缺乏島外攻擊能力，但想要阻止來自大陸的侵略，就必須獲得攻擊大陸目標的能力。若將日本自衛隊與台灣軍隊相互調換，一樣是同病相憐。

原本日本應向台灣學習的地方就很多，陳水扁政權在打出台灣國民一致迎擊侵略的「全民防衛」時，採用「境外決戰」的戰略，面對來自大陸的侵犯，使用導彈在國土之外攻擊目標。

雖然用片假名標示了北京話的發音②，但這對台灣話來說是無法表現的困難概念。

「境外決戰」就是破壞大陸的指揮通信中樞，在軍事用語中被稱為C３I系統③。

孫子兵法中有所謂的「守則不足，攻則有餘」，攻擊才是最好的防禦。

① 專門防守而不積極進攻的策略，即使有防禦需求也不允許先發制人。
② 作者在「全民防衛」與「境外決戰」的漢字旁邊，以日文片假名標示了中文發音。
③ 「C３I系統」（Communication, Command, Control and Intelligence Systems）就是指揮自動化技術系統。

我在一九八〇年代初期，曾帶美國戰車專家們前往位於富士山腳下廣闊原野上的陸上自衛隊富士駐軍區參觀裡面的富士學校，體驗戰車炮的模擬訓練裝置。

一坐在模擬訓練裝置的砲塔裡，面前的大銀幕就能放映出日本各地的農村影像，裡頭作為目標的敵軍戰車會以小光點移動，連農家田野間常見到的「龍角散」戶外看板也都能清楚看到。

我實在不敢相信自己的眼睛，將國土變為焦土，這樣好嗎？當我一想到所謂的「消極防禦」是假想在日本國內進行本土決戰，那一瞬間我背脊發涼。一扣下板機，砲塔激烈震動。我認為當敵國意圖侵略日本時，就必須在國外將敵國擊破。

日本基於消極防禦，遵循「不給予他國威脅，僅配備最小限度之必要自衛能力」，日本的國防能力被自己的手給去勢了。

陳水扁政權因傳出陳總統夫人挪用公款購買鑽石的醜聞，支持率低落，民進黨在二〇〇八年的總統大選中敗選而下野，也因此「境外決戰」的構想沒能有結果。

我們的自衛隊及台灣的軍隊，都是美國的輔助部隊，沒有美軍，就無法長期抗戰。第二次世界大戰之際，菲律賓是美國的殖民地，始終是以美軍的輔助部隊來編組。

菲律賓軍隊沒被賦予攻擊菲律賓群島以外的能力與機能，以現在的歧視用語來說，菲律賓軍隊就是「土人民軍」。

菲律賓的美軍由麥克阿瑟率領，可是當日本軍的進攻造成戰況開始不利時，只說了「我將再回來」（I shall return），就拋下了駐菲律賓的美軍離去，現在的日本和台灣就與當時的菲律賓極其相似。

與台灣的朋友們聊天，他們都說希望台灣「能成為normal的國家」，也就是「普通的國家」。

日本因為接受《波茲坦宣言》，放棄了對台灣的主權，但截至目前為止，台灣與澎湖群島的歸屬，都尚未被決定。一九五一年（昭和二十六年）的《舊金山和平條約》與隔年日本與中華民國之間所締結的《日華和約》，都沒有承認中華民國的台灣主權，日本僅確定放棄台灣與澎湖群島的主權。

另一方面，一九四一年，美國總統羅斯福與英國首相邱吉爾④在大西洋上會談後發表了《大西洋憲章》，主張「與相關國民自由表達的希望不一致時，不變更領土」，而《聯合國憲章》的第一條規定「以人民的平等權力（equal right）及自決原則為基礎」，還有第一百〇三條規定「聯合國會員國依據此憲章下的義務，與其他任一國際協定所賦予之義務相抵觸時，以本憲章下之義務為優先」。《開羅宣言》和《波茲坦宣言》違反了《大西洋憲章》及《聯合國憲章》。

④日文原文並未標明國家，只寫出總統與首相的名字，但考慮易讀性而自行加上國家。

開始屈從中國的台灣經濟界

然而，現在台灣GDP（國民生產毛額）的很大部分，因為依賴中國大陸，所以台灣的經濟界與許多島民開始屈從於大陸。這與日本經濟界中，許多日本國民認為比起國家安全，「生活才是第一」，要以日常經濟的快樂為優先，是非常相似的。

台灣兩千三百萬的人口中，有兩百萬以上的台灣人及其家族，是在投資中國大陸的台灣企業所設立的公司內工作、生活。

現在日本已經從美國的占領體制——「戰後體制①」——中脫離，教育正常化並恢復愛國心，而想要修正占領憲法，台灣也必須從自大陸而來的蔣介石軍隊所帶來的占領體制中脫離。

儘管如此，台灣方面還是走在日本的前面。一九九六年（平成八年），李登輝政權將外來的蔣政權所強加在人民身上的國家觀念導正，強調台灣的獨立性，以「認識台灣」的口號在國中的國語教科書上刊載。如果是在日本，也可以將口號改為「認識日本」吧。於是將教科書改寫成「我們都是台灣人」，在此之前都是寫作「中國人」。

台灣在過去的十年間，將國防經費從GDP的百分之一點九提高到百分之二點四。日本的防衛費用在這十年卻持續減少，在換上安倍政權②之後有微幅增加，但到現在也都還不到GDP的百分之一。

把今日的日本與「台灣並列」，可說是成為台灣之下的國家。日本和台灣不同，本應該擁有兩千年以上值得驕傲的歷史，但為了捨棄在一九四五年（昭和二十年）八月戰敗之前的歷史，而成為了世界上歷史最短的國家。

喪失記憶的人們與國家，是無法經營正常的日常生活的。日本只要不去找回自己國家的歷史，就只能與到十九世紀末為止都被稱作「化外之島」的台灣並列，非常可悲。

即使到現在，「愛國」在日本對很多日本人來說還是個需要防範的語詞。在台灣說到「愛國」，是蔣介石政權從大陸帶進來的，根本是以外國的中華民國為對象，而台灣也尚未成為台灣人的國家，因此台灣人不說「愛國」，改說「愛台灣」。

台灣的國民依循民主程序，修改占領憲法，將國名變更為與現實相符的「台灣」，這有哪裡不對？為什麼要將中國對台灣使用的稱呼，當作國名來使用會不被允許呢？

台灣在參加國際會議及包括奧運在內的國際競賽大會時，被強迫使用「中華台北」（Chinese Taipei）這個名稱。

被中華人民共和國與中華民國共同尊稱「國父」的孫文，以「滅滿興漢（打倒滿族，成為漢族天下）」的口號建立中華民國，並未將滿州及台灣視為中國的一部份。

---

① 此處的日文原文為「戦後レジーム」，是安倍晉三在二〇〇六年擔任內閣時所提出的詞彙，為日文漢字與外來語régime的混合字，比起日本過去慣常使用的同義詞「戰後体制」，更帶有批判意味。

② 此處應該是指日本現任首相安倍晉三的政權，不過二〇〇六年安倍晉三也曾任首相，並於隔年內閣總辭，現在的安倍政權是他自二〇一二再度走馬上任。

孫文在辛亥革命成功後，把清朝原本的「滿漢蒙回藏」順序，改為「漢滿蒙回藏」，將漢置於滿之上。清朝將漢族輕蔑為「家奴」。蒙是蒙古族，回是回教維吾爾族，藏是西藏族。

孫文明明是與台灣毫無淵源的人物，但現在台北卻有著中山（孫文的號）紀念館③，及中山路，感覺非常不搭調。

作為中華人民共和國國旗的五星旗，一個格外大的黃色星星，是漢族，四個黃色小星星，則代表滿蒙回藏四個民族，大星星的漢族，帶領著滿蒙回藏。

今天的中國，將五十六個民族全部統稱為「中華民族」，但同樣是多民族國家的美國和印度，卻沒有將各民族胡亂攪在一起通稱為「美國民族」或者「印度民族」。

史達林認為是俄羅斯民族在領導著斯拉夫民族，因此包括白俄羅斯、烏克蘭、格魯吉亞、亞美尼亞、亞塞拜然、車臣等各民族，總是受到輕視，而所謂的斯拉夫民族，是指在俄羅斯帝國或蘇聯底下生存的所有民族。

根據一份史達林在蘇聯的正式記錄，一九四五年五月二十四日，在克林姆林宮④舉行對德戰爭勝利的慶賀典禮時，史達林說「同志們，我想在此舉杯，祝賀蘇聯全國國民的壯盛，而比這更重要的是，要祝賀領導斯拉夫民族的俄羅斯民族壯盛」。記錄中記載，史達林說完後「（掌聲如雷）」。

習近平所謂的「中華民族」，與史達林的民族觀並無二致。

③即「國父紀念館」，但這裡因為作者在強調「中山」這個名字，所以保留作者的稱呼。另外，「中山」不是孫文的號，比較為人所知的號應該是「逸仙」。

④作者日文原文指出是在克林姆林宮的「ゲオルギュフスキ大広間」，從字面上看來是指克林姆林宮內部一處宴賓大廳，但查無克林姆林宮內相對應的地點，有可能是名稱錯誤，而一般關於這段演說的記載都僅標明位於克林姆林宮，並無進一步的切確內部位置，因此在不影響內容理解的情況下，將這個部份刪除。

對「中國夢」感到困惑的世界各國

二〇一三年六月，習近平總書記造訪了加州的安納伯格莊園（Sunnylands），與歐巴馬總統進行兩天共八小時的會談。

雖說是八小時，不過實際上卻毫無內容，因為有口譯員的交叉翻譯，所以光是口譯的時間就占掉一半，而雙方的隨行人員也幾乎耗掉大部分的時間。

即使美國基於《台灣關係法》（TRA），提供現代武器給台灣，也假設台灣遭到中國攻擊時，將會為守護台灣而採取軍事介入，中國還是對美國非常敬重。

習近平帶著夫人，意氣風發地踏上加州，光是與美國總統會談，受到熱情款待，就能夠鞏固他在中國國內的權力。

習主席對歐巴馬總統說：「太平洋有足夠的空間可以容納中美兩大國。」不過到最近不久之前，每次中國領導人一定會說「中日兩國是一衣帶水的關係」，兩相對照讓我有恍如隔世的感覺。

對於習主席催促要「建構中美間的新形態大國關係」，歐巴馬總統則反駁說「美國不會拋下同盟國」。

然而日本在先進國家中，雖然長期保有僅次於美國的世界第二經濟實力，但面對中國卻是屢屢捨棄身為獨立國家的顏面，叩頭——把頭往地板上叩，讓人看不起。

台灣還在陳水扁政權的時候，美國議會中的支持台灣派議員，明明擁有隱而不顯的力量，但現在這種力量卻已經大幅衰退了，這是因為馬英九政權向中國靠攏，以及美國經濟對中國的依賴程度越來越高所致。

國家主席習近平號召的「中國夢」這個口號，在往後的十年時間，會左右習近平時代。然而「中國夢」這樣的語詞非常曖昧，因此國際間對於到底應該要怎麼解釋，都感到困惑。

二〇一三年六月，中國社會科學院首次對國家主席習近平的「中國夢」發表其定義。中國社會科學院是共產中國最高的學術機構，擁有四千兩百名研究員。

依據這份發表內容，習主席的「中國夢」，「分為以強國為目標讓人民富庶，以及實現祖國的統一這兩個主軸」，而且「恢復台灣海峽的和平，對中國本土的安全是不可或缺的」。

「祖國的統一」，明顯表示了要併吞台灣的意思，而這肯定也包含了釣魚台群島、沖繩及奄美群島。

中國想要掌控太平洋的野心，在現在這個時間點，被從日本到台灣所連成的一條線所阻礙而陷入膠著狀態。

走在危險鋼索上的馬英九政權

現在，中國與馬英九政權的台灣，正為了尋求台灣海峽兩岸的經濟性統合而推動《兩岸經濟合作架構協議》（ECFA）。ECFA 相當於自由貿易協定（FTA）。

二〇一三年六月，中台雙方在上海就金融、醫療、電子商務等領域，簽署更加開放市場的「服務貿易協定」。

馬政權對中國以作為 ECFA 的一環為由，提出東海的共同資源開發案，而中國藉則由台灣對中國經濟的依賴程度提高來擴大影響力，意圖實現台灣的統一。

台灣在過去二十年間，有超過八萬家企業對中國進行高達一千兩百億美元（十二兆日圓）的投資，與其他先進國家一同支撐了中國的經濟成長。

不過，在中國經濟出現陰影時，台灣企業也開始離開中國。在這段期間裡，中國的勞動薪資在急速上升的同時，也因為健康保險、年金的積存開始變得必要，因此許多台灣企業開始從中國全面性或部份撤出，回到台灣來，或改向越南、馬來西亞、泰國等東南亞各國進行投資。根據進入中國的台灣企業所言，中國的勞動薪資在過去六、七年之間，達到了兩倍之多。

中國在此之前一直比台灣便宜的薪資，現在已經與台灣並駕齊驅。大都會的中國白領階級也比台灣領取更高的薪資，但是職員在中國的穩定性卻非常低，隨便就會離職不幹。

台灣對中國的投資，即使現在也還位居世界第四。但根據台灣政府的統計，二〇一二年對中投資比起前一年減少了百分之十七，降至一百一十億美元（約一兆一百億日圓）。特別是電子零件的領域降幅最大，比起前一年達到百分之四十四。

台灣與日本、韓國不同，沒有汽車及家電產品這種自有品牌的製品①，因此當中國開始生產與台灣相同的產品時，就消滅掉台灣在大陸的競爭力。

馬政權因為希冀台、中經濟的統合，正走在危橋上。根據民意調查，台灣國民有八成以上都討厭中國，不希望「中台統一」，而馬政權也不期望台灣被中國併吞。

①或許作者是想以跨國知名品牌為例來做說明，但台灣其實不管在汽車或家電產品上都有自己的品牌與製造商。

終章

「日本與台灣」的將來

——為何兩國是命運共同體？

田澤湖與澄清湖的姊妹湖協定

日本與台灣之間，全然不存在官方關係，儘管如此，日本與台灣兩國民眾之間，卻有著來自民間的強韌連結。

對日本而言，能夠像台灣這般締結寬廣且強力的民間交流之國家，別無他國。

我在一九八六年（昭和六十一年）前往秋田縣田澤湖町（現在的仙北市），受邀在以國際交流為主題的座談會演講，主辦團體的理事長是我秋田縣出身的好友渡部亮次郎先生。

雖然是首次造訪田澤湖，但這日本最深的湖水實在太美麗了。座談會開始前，有人說想要招攬美國與歐洲的觀光客來田澤湖，不過不知道該怎麼做比較好，希望我提出建言，當時札幌的雪祭吸引了很多海外觀光客造訪。

湖畔飯店的會場內，不只有當地民眾，鄰近城鎮和村落的人也非常多。

我說到「非常抱歉，但我不認為美國及歐洲的觀光客會來這裡」，之後又接著說，「今後東南亞各國也將急速變得富裕，而台灣早已是個富裕的國家，從台灣到東南亞都不會降雪，也沒有楓葉」，然後「台灣與日本的緣份很深，是很重要的國家，考慮到台灣作為亞洲的玄關，首先讓台灣的人們知道田澤湖的美，大家覺得如何呢？」

說著說著，突然想到了「姊妹市」這樣的語詞。

於是我向大家提議：「我想大家都知道姊妹市，在台灣有幾個美麗的湖泊，若是大家希望的話，讓田澤湖與台灣的湖泊結緣成姊妹湖，大家覺得怎麼樣呢？」

在此之前世界上恐怕還沒有姊妹湖的前例。

而且因為我在台灣政府中有非常多的朋友，所以可以由我去提案，我補充說明。

時至今日，日本有許多自治團體及團體都與台灣締結合作關係，但當時一個也沒有。

隔週，來自田澤湖町的工商會會長及觀光協會會長來到東京，把我狹小的辦公室擠得水泄不通，拜託我一定要促成與台灣湖泊結緣的美事。

我與駐東京台北經濟文化代表處當時的林金莖副代表，從日中邦交正常化前的中華民國大使館時代開始就有深交。林先生是本省人，但在早稻田大學取得法學碩士學位，再被授與法學博士學位，是國際法的權威，在中華民國大使館擔任參事官一職。

我嘗試在現場打電話給林先生，他非常高興，答應我會立刻與本國政府連絡，希望能夠實現這個構想。

台灣政府推薦了位於台灣中部南投縣日月潭國家風景區內的日月潭，以及高雄市的澄清湖，因澄清湖位處人口密集的高雄市，因此期盼是澄清湖。十一月，田澤湖町一行人訪台，舉行姊妹湖締結簽約儀式，成為台灣的焦點新聞，還邀集電視台前來採訪。

姊妹湖締結三週年，田澤湖町將佇立湖畔、傳說中的「辰子姬」像加以變化做成了「辰子飛翔銅像」贈與澄清湖。

而澄清湖方面，則在湖水中做了一座小島，在銅像前設置了寫著「與澄清湖成為姊妹湖，在日本被稱為最美湖泊的田澤湖所贈與」的銅板，還架上了一座美麗的紅色小橋。

沒過多久，澄清湖也回贈了一個巨大的「飲水思源銅像」，放置在田澤湖畔。林副代表返台後便擔任外交部顧問，參加了揭幕儀式。直至今日，這個汲水的少年銅像，依然佇立在湖畔的松林中。

之後，我知道田澤湖因為與台灣的湖泊締結姊妹關係，讓秋田縣對田澤湖町以違反國家意向為由施加壓力。但是，地方人士以這是民間行使的事項，來退卻來自縣的壓力。

而隨著台灣觀光客開始造訪田澤湖畔，及田澤湖高原的玉川溫泉，秋田縣報紙《秋田魁新報》的社論，對田澤湖與澄清湖結緣一事大加讚賞，這在全國報紙競相向中國奉承之時，是非常具有勇氣的。

越來越廣泛的日台民間交流

二〇一三年的此刻，長野縣、群馬縣這兩個縣，以及青森縣大間町、沖繩縣宮古島市、石垣市、與那國町、福島縣牟岐町、玉川町、福井縣美濱町、群馬縣上野村、秋田縣上小阿仁村、岡山市、仙台市、橫濱市、東京都八王子市、鳥取縣三朝町、北榮町、北海道旭川市、津別町、櫪木縣日光市、岐阜縣美濃市等地，都與台灣的縣及市、鄉（鎮、村），締結了姊妹關係及教育觀光等協定。

其他還有像是石川縣議會與台南縣議會締結友好交流協定，及埼玉縣議會組成的日台友好議員聯盟，而像是神社與廟宇，在為數眾多的團體同好之間，也存在著姊妹合作的關係。在日韓、日中關係艱困的同時，日台的民間交流卻越發活絡。

二〇〇五年（平成十七年），田澤湖町與角館町、西木町合併，成為了仙北市，角館町以武家屋敷而聞名。

二〇一一年（平成二十三年），玉川溫泉與台北市的北投溫泉建立姊妹溫泉關係，北投溫泉以含鐳的北投石聞名，玉川溫泉是北投以外第一個同樣發現北投石的溫泉。

二〇一一年（平成二十四年），田澤湖與澄清湖迎接結緣二十五週年，與玉川溫泉和北投溫泉的合作一同慶祝，仙北市的門脇光浩市長身兼團長，帶領超過一百名市民，搭乘包機造訪台灣。其中我也有參加，一行人在四夜的行程中，前往北投溫泉及台北市內，並參觀管理澄清湖的自來水總公司所在的台南與高雄，皆受到台灣方面的熱烈歡迎。

北投溫泉在陽明山為仙北市贈送的櫻花樹苗舉行露天植樹儀式，台北市政府的兩名美麗女職員，穿著日本和服站在臨時搭建的舞台上，對於她們能把和服穿得這麼美，我很感動。

代表台北市的台北市局長以流暢的日文，真心誠意地演說祝賀詞。他說北投公園從日本時代興建至今已經一百年，由日本學者發現北投石到現在也是一百年，加上北投溫泉博物館興建至今的一百年，剛好遇上三個一百週年，陽明山在日本時代被稱作「草山」，為了紀念昭和天皇在身為皇太子殿下時訪台，而在台北市內種植櫻花行道樹，現在已經成為市民重要的休憩場所，他對日本表達的感謝，讓我非常高興。

一行人當中，角館高中飾山囃子① 同好會的男女高中生，粉墨登場表演傳統技藝，友好的氣氛熱烈。

正因為與台灣沒有官方關係，藉由民間外交鞏固兩國連結，就顯得格外重要。

從田澤湖町時代開始歷經了二十五年，以田澤湖町工商會長吉田淳二與仙北市國際交流協會會長高橋練三為首，對於他們強化日台國民的連結，以及仙北市民竭盡全力的努力，我想給予他們高度評價。

台灣是日本要繼續保持獨立下去之際，在亞洲最重要的國家，應該說是日本的分身，日本必須與台灣加強經濟、文化及政治上的關係。

① 指日本秋田縣仙北市角館町神明社在陰曆八月六日所舉辦的歌舞祭典。

唯有台灣自立才能拯救日本

二〇一三年四月，在台北簽訂了《日台漁業協定》，同意讓台灣漁船在釣魚台群島周邊的日本排他水域（FEZ）中的一部份捕魚，這是劃時代的協定。話雖如此，因為台灣漁民在日本統治時代能以日本國民的身份自由捕魚，我認為，日本在恢復獨立之後，還是要照顧曾經同為日本人的台灣人，應該立即同意。

日台之間，彼此被命運共同體的牽絆相連著，日本必須將台灣視為「另一個日本」而努力援助台灣經濟，所以日台兩國應該簽訂FTA（自由貿易協定），而且我提議日台應致力於共同開發東海海底的天然氣資源。

日本應該對中國清楚表態，絕對不能容忍對台的武力攻擊。

對日本而言，建立日台的官方關係是絕對必要的，藉由這麼做，就能表明日本將台灣與中國認定為個別的存在，而激勵台灣國民。

日台斷交後，日本政府就宛如台灣不存在於地圖上似的應對著，這就如同不去面對日本存亡的問題一般，這樣不自然的狀況，必須要儘速改正。

美國在美台斷交之際，藉由議會設立《台灣關係法》（TRA），以維持之後的美台關係。《台灣關係法》表明，台灣的「和平與安定，符合美國的政治、安全保障以及經濟利益，而且是國際關切的事務」。

雖然比美國的《台灣關係法》晚了三十年以上，但日本國會應儘速制定類似《台灣關係法》之類的法案。

台灣幾乎被摒除在所有國際機構之外，進入二〇一三年，在美國國會，對於管理世界民間航空安全航行的國際民間航空機構（ＩＣＡＯ）將台灣一直排除在外一事，美國政權提出了讓ＩＣＡＯ會員國同意台灣加入並行使其義務的羅伊斯法案，七月經歐巴馬總統簽署完成。日本也應該為了提高台灣的國際地位，而努力讓台灣能夠加入主要的國際機構才對。

對日本而言，台灣是日本進入東南亞之際的理想夥伴。

台灣的歷史體驗，兼具亞洲的兩種文化，日本文化非常具有創意，集團的組織力和規律的正確性都非常突出，但因為過於獨特而欠缺國際性，容易遭到外界孤立。

台灣人在學習日本文化的同時，也因其出身而受到中國文化的強烈影響。中國文化因為只信賴夥伴，所以人們會表現出頑強的個性，洋溢著創業家的精神，總是為了求生存而尋求新天地，因此具有豐富的國際性。

台灣以獨立國家之姿繁榮，對日本的安全而言，無論如何都是必要的。台灣的安全不能只委由美國之手。援助台灣之事就是守護日本、拯救日本之事。

後記

一九七二年（昭和四十七年），日本經由內閣田中角榮之手，達成日中邦交正常化，並在當時與中華民國斷交，斷絕日台間一切官方關係，這對日本而言，是恢復獨立後的最大弊政。

歷史是由人所創造，也是被人所玩弄。

回溯歷史，我們要警惕自己不去講「如果當時不這麼做的話」的這種假設（if）。在了解今日的亞洲情勢之後再來回顧的話，會發現歷史上有許多角色分配不當（miscast）的人物登場，因此會去問「如果」，就是為了不要重複同樣的失敗，讓失敗成為有意義的教訓。

無論是羅斯福總統，還是毛澤東主席，抑或田中角榮首相，全都是角色分配錯誤。站在中國共產黨的立場，如果毛澤東當年沒有煽動北韓的金日成主席，奇襲韓國發動朝鮮戰爭的話，台灣應該已經是中國的囊中物了。

回顧過去，人所編織出的歷史發展當下，對於邁向未來的選擇是多麼重要，這是我們所要學會的。

以第二次世界大戰為契機，沒有其他國家如同台灣一般，被歷史如此殘酷地玩弄。

二〇一一年（平成二十三年），美國出版了《胡佛回憶錄》。

赫伯特・胡佛（Herbert Hoover）在終戰時的一九四五年（昭和二十年）已經七十一歲了，從一九二九年（昭和四年）到一九三三年（昭和八年）為止，只擔任了一任的總統，在一九三二年（昭和七年）的總統大選中敗給了羅斯福。因為羅斯福非常討厭胡佛，因此在羅斯福政權中，胡佛完全遭到漠視。

一九四五年四月，羅斯福去世，因為從被選為密蘇里州上院議員時代開始，杜魯門就與胡佛很親近，因此當杜魯門就任總統時，胡佛就擔任了杜魯門的私人顧問。

在對日戰爭末期，胡佛告誡杜魯門說，美國可以報復珍珠港攻擊，但卻不能毀滅日本，為了阻擋共產主義進入亞洲，就應該盡早與日本講和。

胡佛論述「日本基本上是屬於西方的國家」，是亞洲的安定勢力，他主張戰後也應該承認日本占有朝鮮半島及台灣，更應支援日本的復興。他建議為了防止中國大陸的共產化，日本軍應該採取階段性撤除。

然而從陸軍參謀總長及陸軍長官為首的閣員們，都認為胡佛的發言違逆輿論而強烈反對，不見容於世。

美國在占領日本期間刺激了美蘇的冷戰，這才從根本上改變了占領政策。胡佛真是慧眼獨具，日本若是在戰後繼續統治韓國及台灣的話，不但不會發生朝鮮戰爭，而且繼續在中國大陸駐軍的話，大陸也不會赤化。

胡佛在戰後與麥克阿瑟會面時，稱羅斯福是對日本發動戰爭的「狂人」，麥克阿瑟也同意。

依據國際法，台灣的地位現在也依然未定。台灣不屬於「兩個中國」——中華民國與中華人民共和國——當中的任何一方。因此，日本國民若是基於法律希望維護國際秩序，台灣的歸屬就應該由台灣住民自行決定。

台灣不能被中國併吞，這是關乎二千三百萬台灣國民的人權問題，萬一台灣被中國強迫「統一」的話，那也只會製造出第二個西藏、新疆維吾爾及蒙古吧。

為了日本，也為了台灣國民寄與日本的熱切情感，我們都必須有所反應。

日本與台灣：為何兩國是命運共同體？

作　　者　加瀨英明
譯　　者　崔立潔、劉季樺

發 行 人　林敬彬
主　　編　楊安瑜
責任編輯　黃谷光
內頁編排　黃谷光
封面設計　林鼎淵

出　　版　大都會文化事業有限公司
發　　行　大都會文化事業有限公司
11051台北市信義區基隆路一段432號4樓之9
讀者服務專線：(02)27235216
讀者服務傳真：(02)27235220
電子郵件信箱：metro@ms21.hinet.net
網　　　　址：www.metrobook.com.tw

郵政劃撥　14050529 大都會文化事業有限公司
出版日期　2014年08月初版一刷
定　　價　280元
I S B N　978-986-5719-16-6
書　　號　Focus-013

國家圖書館出版品預行編目（CIP）資料

日本與台灣：為何兩國是命運共同體？/ 加瀨英明.
-- 初版. -- 臺北市 : 大都會文化, 2014.08
240 面 ; 21×14.8 公分.

ISBN 978-986-5719-16-6（平裝）

1. 台日關係

578.3331　　103007838

98-04-43-04

郵政劃撥儲金存款單

收款帳號	1	4	0	5	0	5	2	9

金額 新台幣（小寫）	億	仟萬	佰萬	拾萬	萬	仟	佰	拾	元

收款戶名：大都會文化事業有限公司

寄款人 □他人存款 □本戶存款

姓名

地址 □□□-□□

電話

主管：

經辦局收款戳

虛線內備供機器印錄用請勿填寫

通訊欄（限與本次存款有關事項）

我要購買以下書籍

書名	單價	數量	合計

購書金額未滿600元，另加收60元國內掛號郵資或貨運專送運費。

總計數量及金額：共＿＿本，合計＿＿元

◎寄款人請注意背面說明

◎本收據由電腦印錄請勿填寫

郵政劃撥儲金存款收據

收款帳號戶名

存款金額

電腦紀錄

經辦局收款戳

郵政劃撥存款收據注意事項

一、本收據請妥為保管，以便日後查考。
二、如欲查詢存款入帳詳情時，請檢附本收據及已填妥之查詢函向任一郵局辦理
三、本收據各項金額、數字係機器印製，如非機器列印或經塗改或無收款郵局收訖章者無效。

大都會文化、大旗出版社讀者請注意

一、帳號、戶名及寄款人姓名地址各欄請詳細填明，以免誤寄；抵付票據之存款，務請於交換前一天存入。
二、本存款單金額之幣別為新台幣，每筆存款至少須在新台幣十五元以上，且限填至元位為止。
三、倘金額塗改時請更換存款單重新填寫。
四、本存款單不得黏貼或附寄任何文件。
五、本存款金額業經電腦登帳後，不得申請撤回。
六、本存款單備供電腦影像處理，請以正楷工整書寫並請勿摺疊。帳戶如需自印存款單，各欄文字及規格必須與本單完全相符；如有不符，各局應婉請寄款人更換郵局印製之存款單填寫，以利處理。
七、本存款單帳號與金額欄請以阿拉伯數字書寫 。
八、帳戶本人在「付款局」所在直轄市或縣(市)以外之行政區域存款，需由帳戶內扣收手續費 。

如果您在存款上有任何問題，歡迎您來電洽詢
讀者服務專線：(02)2723-5216(代表線)
為您服務時間：09：00～18：00(週一至週五)
大都會文化事業有限公司　讀者服務部

交易代號：0501、0502 現金存款　0503票據存款　2212 劃撥票據託收

大都會文化　讀者服務卡

書名：日本與台灣：為何兩國是命運共同體？

謝謝您選擇了這本書！期待您的支持與建議，讓我們能有更多聯繫與互動的機會。

A. 您在何時購得本書：______年______月______日

B. 您在何處購得本書：____________書店，位於____________(市、縣)

C. 您從哪裡得知本書的消息：

1.□書店　2.□報章雜誌　3.□電台活動　4.□網路資訊

5.□書籤宣傳品等　6.□親友介紹　7.□書評　8.□其他

D. 您購買本書的動機：（可複選）

1.□對主題或內容感興趣　2.□工作需要　3.□生活需要

4.□自我進修　5.□內容為流行熱門話題　6.□其他

E. 您最喜歡本書的：（可複選）

1.□內容題材　2.□字體大小　3.□翻譯文筆　4.□封面　5.□編排方式　6.□其他

F. 您認為本書的封面：1.□非常出色　2.□普通　3.□毫不起眼　4.□其他

G. 您認為本書的編排：1.□非常出色　2.□普通　3.□毫不起眼　4.□其他

H. 您通常以哪些方式購書：(可複選)

1.□逛書店　2.□書展　3.□劃撥郵購　4.□團體訂購　5.□網路購書　6.□其他

I. 您希望我們出版哪類書籍：（可複選）

1.□旅遊　2.□流行文化　3.□生活休閒　4.□美容保養　5.□散文小品

6.□科學新知　7.□藝術音樂　8.□致富理財　9.□工商企管　10.□科幻推理

11.□史地類　12.□勵志傳記　13.□電影小説　14.□語言學習（_____語）

15.□幽默諧趣　16.□其他

J. 您對本書(系)的建議：

____

K. 您對本出版社的建議：

____

讀者小檔案

姓名：______________ 性別：□男　□女　生日：____年____月____日

年齡：□20歲以下 □21～30歲 □31～40歲 □41～50歲 □51歲以上

職業：1.□學生 2.□軍公教 3.□大眾傳播 4.□服務業 5.□金融業 6.□製造業

7.□資訊業 8.□自由業 9.□家管 10.□退休 11.□其他

學歷：□國小或以下 □國中 □高中／高職 □大學／大專 □研究所以上

通訊地址：______________________________________

電話：（H）______________（O）______________ 傳真：______________

行動電話：__________________E-Mail：______________________________

◎謝謝您購買本書，也歡迎您上大都會文化網站（www.metrobook.com.tw）登錄會員，或至Facebook（www.facebook.com/metrobook2）為我們按個讚，您將不定期收到最新的圖書訊息與電子報。

日本與台灣

日本と台湾——なぜ、両国は運命共同体なのか

為何兩國
是命運共同體？

北區郵政管理局
登記證北台字第9125號
免貼郵票

大都會文化事業有限公司
讀者服務部　收

11051台北市基隆路一段432號4樓之9

寄回這張服務卡〔免貼郵票〕
您可以：
◎不定期收到最新出版訊息
◎參加各項回饋優惠活動